완월동 여자들

완월동 여자들 (큰글씨책)

초판 1쇄 발행 2022년 2월 24일

지은이 정경숙
펴낸이 강수걸
펴낸곳 산지니
등록 2005년 2월 7일 제333-3370000251002005000001호
주소 부산시 해운대구 수영강변대로 140 BCC 613호
전화 051-504-7070 | 팩스 051-507-7543
홈페이지 www.sanzinibook.com
전자우편 sanzini@sanzinibook.com
블로그 sanzinibook.tistory.com

ISBN 979-11-6861-008-8 03330

완월동 여자들

살아남아 사람을 살리는
여성 연대의 기록

정경숙 지음

산지니

시작하며

　　햇볕이 화창하게 강의실로 스며드는 나른한 봄날이었다. 수업보다는 친구들과 어울리는 것에 관심이 많았던 시절, 나는 창밖을 보면서 몽상에 빠져 있었다. 그때, 교수의 한마디가 나의 뇌리를 스쳤다. 동남아 문화에 대한 강의를 하던 그는 "매춘도 하나의 관광자원이 될 수 있다"라고 말했다. 나는 화들짝 놀라 몽상에서 깨어났지만 제대로 반박도 못하고 '치밀어' 오르는 분노를 억눌러야 했다.

　　그 이후로도 수업시간에 무심코 내뱉는 교수들의 말이나 대중매체에서 보도되는 성매매 기사를 종종 접하게 되었다. 무의식중에 마음과 몸이 그쪽으로 조금씩 움직이고 있었다. 대학 졸업과 동시에 생활 전선에 뛰어들었지만, 맞지 않는 신발을 신고 있는 듯 불편했다. 일상의 삶이 싫증 나고 지쳐갈 때쯤 신문 기사를 보게 되었다. '○○대학원 여성학과 학생모집'. 순간 온몸이 정지되는 느낌이었고, 내 속에서 가끔씩 울컥울컥 몰려오는 정체 모를 우울과 분노를 해결할 실마리를 찾은 듯했다.

　　대학원에 진학한 나는 여성학 공부를 하면서 여성인권 문제에 눈을 뜨게 되었다. 특히 성매매 관련 논문을 읽으면서 물건처럼 사고 팔리는 여성의 몸, 그 여성의 몸을 이용한 착취의 거미줄, 성을 사는 사람이 아닌 성을 파는 여성들이 평생 짊어져야 하는 낙인의 문제 등을 접하며 본격적으로 성매매 문제를 고민하기 시작했다. 책과 이론보다는 성매매 당사자들을 만나 그들의 경험을 듣고 싶었다. 부산에는 전국적으로 유명한 성매매 집결지(여러 성매매업소가 모여 있는 곳) '완월동'이 있다. 나는 그곳에 있는 성매매 여성들을 만나기 위해 주변을 서성거려 보기도 했다. 하지만 철저히 베일에 가려진 곳이었기에 그들을 만나는 것이 쉽지 않았다.

대학원을 졸업한 후 '여성문화인권센터'의 창립 멤버로 활동했다. 이 단체는 부산의 또 다른 전통적인 성매매 집결지인 해운대 '609'와 가까웠다. '609'에서는 성매매 경험 당사자들을 직접 만날 수 있었다. 나는 여성들을 만나고 싶은 마음에 틈틈이 이곳에 갔다. 여성들에게 필요한 물품을 나누고 얼굴을 마주치며 눈인사도 했다. 업주들이 자리를 비우면 업소에 잠깐 들어가 이야기를 나누었다.

여성문화인권센터에서 나는 가정폭력, 성폭력 상담을 주로 했다. 그러다가 성매매 여성 상담을 하게 되었다. 가정폭력과 성폭력 여성들을 지원하는 것과 다르게 이 분야는 법률 지원이 대부분이었다. 그렇기에 사법기관(경찰·검찰·법원 등)에 동행하면 하루 종일 경찰서에 죽치고 앉아서, 하염없이 기다려야 했다. 또한 성매매 여성을 대하는 법 집행자들의 무지와 편견, 낮은 인권의

식과 마주하며 싸워야 했다. 그리고 사건경위서, 진정서, 탄원서 등 법률 관련 서류 일체를 준비했고, 성산업 관련자들인 포주와 전주, 소개업자들의 협박과 회유를 견뎌야 했다.

2002년 당시 부산에는 성매매 여성들을 인권의 관점에서 지원하는 독립된 단체가 없었다. 지역의 여성단체들은 성매매 여성들을 인권의 관점에서 지원하는 단체를 만들어야 한다는 필요성에 공감했다. 하지만 각각의 사정 때문에 독자적으로 단체를 설립할 여력이 되지 않았다. 개인적으로 단체를 설립할 역량이 부족했지만, 꼭 하고 싶었고 내가 하지 않으면 안 될 것 같았다. 이 일을 꼭 해야 한다는 열정이 솟아올랐고 무작정 해보자고 결심했다.

우선 가족을 설득했다. 남편은 '완월동' 하면 조직폭력배가 생각나는데 위험하지 않겠냐고 했다. 몇 개월여의 끈질긴 설득에 넘어간 남편은 순순한 동의라기보다 강요에 못 이겨 '항복'했다. 그렇게 '살림' 활동이 시작되었다. 지인들은 "꼭 해야 할 일이기는 한데, 할 수 있겠느냐", "비전도 보이지 않는 일을 무모하게 왜 하려느냐?", "돈도 없이 어떻게 운영할 거냐?"라며 걱정 어린 말들을 했다. 할 수 있다며 자신감을 보였지만 주변의 기대와 걱정이 나를 짓눌렀다. 그러나 살림을 시작하면서 기다리던 아이도 생겼고, 함께할 마음이 통하는 사람들까지 만났다. 굳이 걱정할 필요가 없었다.

살림이 처음 문을 연 것은 2002년 11월 4일이었다. 상근활동가가 세 명, 자원활동가는 십여 명 남짓이었다. 자원활동가는 부산대학교 '헐스토리', 총여학생회, 대학 내 사이버 성폭력에 대응했던 '월장' 회원들과 그 지인들이었다.

그들과의 소중한 만남은 여성단체 활동가로 일할 때 시작되었다. 박혜정과는 부산대 교지편집위원장으로 활동하던 그가 청소년 성매매를 주제로 한 특집기사 원고를 나에게 청탁한 것이 인연이 되었다. 그의 첫인상은 내면이 단단하고 주관이 확실하며, 차분하고 논리적으로 보였다. 월급도 없이 차비만 받고 다니는 가난한 활동가였던 나는 글쓰기를 두려워하고 싫어했다. 하지만 원고료를 많이 준다는 그의 말에 현혹되어 기고하게 되었다.

또 한 명의 활동가인 이윤미는 살림을 시작하기 직전에 만났다. 여러 명의 대학생들이 나를 찾아왔는데, 그중 한 명이었다. 말수는 적었으나, 당차고 자기주장이 확실해 보였다. 이렇게 우리 세 사람의 만남은 각별한 인연이 되었고, 처음부터 의기투합할 수 있었다. 미래에 대한 확실한 보장도 없는 상태에서 우리는 열정 하나만으로 그 길을 걷기 시작했다. 이후 유쾌하고 유머와 자신감이 철철 넘치는 쉼터 이숙재 원장, 살림 자원활동가로 시작하여 무에서 유를 창조하다시피 자활지원센터를 만든 열정적인 강혜진, 여성문화인권센터에서 함께 활동했던 적극적이고 자신감 넘치는 윤희자까지 합류했다. 그리고 진심 어린 애정과 열정으로 밤낮없이 언니들과 함께한 수많은 활동가들이 있었다. 뜻을 같이하는 사람들과 함께한다는 것은 큰 기쁨이었다. 아르바이트로 개인 삶을 꾸리고, 후원에 허둥대고, 사회의 편견에 좌절하고 분노하면서도, 우린 서로 존중하고 협력하며 열정을 쏟았다.

성매매방지법 시행 당시 우리(언니와 활동가)는 언 골목과 도로, 차가운 아스팔트, 완월동 골목길에서 함께했다. 밤을 새워가며, 후원받은 배추로 김치를 담가 업소 하나하나를 방문하여 300여 명의 언니들에게 나누어주었다. 성구매자와 업소 여성으로 위장하여 업소에 들어가 업주의 성매매 강요와 갈취 등 불법적인 행위에 대한 증거를 직접 수집했다. 경찰의 동행 없이 용감하게 업소에 들어간 활동가가 언니를 무작정 데리고 나오다가 업소 관계자들에게 곤욕을 치르기도 했다. 파주 용주골부터 제주도에 딸린 섬까지 언니들이 도움을 요청하면 언제든지 뛰어다녔고, 이런 과정 속에 활동가가 업주에게 잡혀 팔려 갈 뻔하기도 했다. 업주들의 살림 난입, 협박, 칼부림, 사채업자와 일수업자의 끈질긴 협박도 견뎌냈다. 조현병을 앓았던 언니를 활동가가 24시간 밀착 동행하다 쓰러지기도 했고, 편파적인 공권력과 맞서기도 했다.

이런 소중한 경험들을 이 책에 기록했다. 이 글은 나의 기억과 함께 살림 소식지, 연차보고서, 살림 10주년 기록, 집결지 자활지원백서 등의 기록을 바탕으로 재구성하여 쓴 글이다. 살림이 성장하는 것을 지켜봐 주시고 후원해 주신 이기숙 이사장님을 비롯한 살림 이사님들, 언니들의 법률 지원을 도맡아 주신 변영철 변호사님, 집안일에 신경 쓰지 않고 살림에 전념할 수 있도록 물심양면 도와준 남편 이태원과 언니 정기자, 책 제목을 정하는 데 아이디어를 준 대학원 후배 안미수, 살림을 편안하게 놓고 걱정 없이 떠날 수 있도록 해준 변정희와 최수연, 김정임, 김지영 님을 비롯한 살림 활동가들, 용어 정리를 도와준 이윤서와 이지영, 퇴고를 해주신 동화작가 김진 선생님, 그리고 이 글이 나오기까지 함께해 준 살림을 거쳐 간 활동가들과 언니들에게 고마움을 전한다.

차례

3부 낙인: 편견에 맞서다

4부 가치와 열정의 소유자들

1부

살림: 살아남아, 사람을 살리다

첫 살림을 살다

　　'살림'이라는 이름은 자원활동가와 상근활동가들이 합심해서 지었다. 나는 완월동 아웃리치(Outreach, '손을 뻗는다, 나가서 닿는다'의 뜻으로 외부 사람이 업소에 방문하거나 업소 입구에서 언니들에게 물품을 나누어 주는 행위, 간단한 목례, 눈인사, 안부를 묻는 등의 행동을 뜻한다) 이후 삼겹살을 굽고 있었다. "구청에 단체 이름을 성매매피해상담소라고 신고하기에는 뭔가 허전하다. 성매매피해상담소 뒤에 우리가 '언니'(여성들의 자매애를 상징하고 친밀감을 표현하는 단어로 우린 성매매 당사자를 '언니'라고 불렀다)에게 어떤 마음으로 다가가는지를 드러낼 수 있는, 짧지만 강렬한 메시지가 있는 단어를 붙이면 좋겠다"라고 제안했다.

　　우리들은 "어떤 이름이 좋겠냐? 마음껏 상상하고 생각나는 대로 떠들어 보자"라고 했다. 모여 있던 사람들은 순식간에 한마디씩 했다. '언니들의 존재를 어떻게 드러내지?', '우린 어떤 목적으로 여기에 있지?', '다른 사람에게 어떻게 우리를 소개하지?' 등의 질문이 끊임없이 이어졌다. 침묵과 아이디어 내기를 반복하면서 다양한 말들이 쏟아져 나오기 시작했다. 쏟아내는 말들의 성찬이 끝도 없이 이어졌다. 다들 지쳐갈 무렵 누군가 '살림'이 어떻겠냐고 했다. 처음 '살림'이란 단어를 들었을 때는 집에서 '살림 사는 것 같은' 여성만의 무엇처럼 느껴졌다. "너무 '여성적'이지 않나? '여성성'이 너무 두드러진다"라며 그 자리에 있던 사람들 대다수가 반대했다. 이 사회의 강한 성별 고정관념을 생각하면 조금은 부담스럽기도 했다. 그러나 영어 survivors는 생존자, 살아남은 사람, 사람을 살린다는 의미로 해석할 수 있다고 누군가 말했고, 그러자 우린 모두 "뜻이 괜찮다", "너무 멋지다"라며 만장일치로 통과시켰다.

이렇게 우리의 이름이 된 'survivors'와 '살림sallim'은 '살린다'와 '살림을 산다'는 의미를 동시에 가지고 있다. '살린다'는 성매매 여성을 성산업 구조의 고리와 폭력으로부터 구조해 살리고, 성매매 여성이 사회구성원으로서 의지를 가지고 삶을 가꾸어 나갈 수 있도록 함께 행동하자는 바람을 담은 말이다. 또한 '살림을 산다'는 것은 우리의 일상을 살린다는 의미다. 집에서 집안일을 하는 사람이 없거나 집을 돌보는 사람이 없다면 우리는 어떻게 될까? 일상의 생활과 생명의 소중한 가치가 담겨있는 이름이다. 얼마나 근사한가? 우리들이 함께 지혜를 모은 결과물이었다.

소중한 가치를 담은 공동체의 합작품인 살림은 2002년 12월 6일 정식으로 문을 열었다. 대통령 선거로 주변이 어수선하고 무척 추울 때였다. 개소식 이전부터 활동하고 있었던 우리는 '의례적인 행사'를 할 필요가 있을까 망설였다. 하지만 하고자 하는 일을 뜻을 같이하는 사람들에게 알리고 서로 힘 주고 힘 받는 시간을 만드는 것이 좋겠다고 생각했다. 살림이 문을 여는 날, 15평 남짓한 공간에 부산지역 여성단체 활동가, 여성주의 활동가, 여성단체와 함께하는 교수, 언론인, 정치인 등 뜻을 함께하는 많은 사람들이 참석했다. 상담소 안은 발 디딜 틈이 없을 정도로 꽉 차 미처 입장하지 못한 사람들은 바깥에 서 있을 정도였다.

의례적으로 행하는 개소식 절차는 생략하고 참석한 모든 이들이 자신을 소개했다. 그리고 '살림'이 잘되기를 바라는 마음으로 덕담을 나누며 정성껏 준비한 다과를 나누었다.

조용하게 문을 열고자 했던 우리의 바람과는 달리 언론에서 큰 관심을 보였다. 〈부산일보〉에 나와 사무국장이 완월동 입구에 서 있는 사진과 인터뷰가 대문짝만 하게 났다. 또한 〈국제신문〉, 〈한겨레〉, 〈대학신문〉, 〈부산여성신문〉 등에서도 우리가 앞으로 해야 할 일들에 대해 자세하고도 친절하게 보도하면서 많은 이야기들을 쏟아냈다. 살림의 시작을 알리는 개소식 초대장은 아래와 같았다.

초대장

항상 남의 일처럼 이야기되곤 했던 성매매……
우리 동네에, 내 집 가까이 있어도 그저 눈을 감기만

했던 성매매…….

방법이 없다고만 생각하고 우리가 눈을 감아버렸던
그때에
그곳에서는 우리와 똑같은 여성들이 고통을 겪고
있었습니다.

단지 돈을 벌 수 있다는 생각에
또는 한 번의 실수로 성산업에 발을 들여놓았다는
이유로
불합리한 빚과 폭력 속에서
아무에게도 말할 수 없는 고통을 가슴에 안고
살아갑니다.

너무나 거대한 성매매 산업구조와
성매매를 당연시하는 문화 속에서
우리도 어떻게 이 여성들을 만나고 도와야 할지
두려움과 혼란스러움을 안고 있었던 것이 사실입니다.

그러나 그런 두려움을 이제는 떨쳐버리려 합니다.
인간이 인간답게 살아야 한다는,

그리고 나를 포함한 모든 여성이 자신의 삶을 스스로 선택하고
행복을 추구할 권리를 지녀야 한다는 것이
우리가 활동을 시작하는 가장 큰 이유입니다.

아직 우리에게 주어진 해답은 아무것도 없지만
우리는 만나 보려고 합니다.
그리고 우리들의 삶이 함께 행복해질 수 있는 길을
찾아보려 합니다.
우리, 이제 만나요.

개소식이 끝나고 참석자들이 떡과 과일 등을 나누어 먹으며 덕담을 하고 있는데, 선배 활동가가 한마디 했다. "식탁이 더러워서 못 먹겠다, 청소 좀 하지 이게 뭐꼬!" 우린 박장대소했다. 나는 "넵, 다음부터 청소 잘하겠습니다. 예쁘게 봐주시고 새것 사게 후원 좀 많이 해주세요" 했다.

이렇게, 우리의 이상을 만들어 내고 실행에 옮길 공간은 구했지만 운영자금이 없었다. 운영자금은 후원금으로 꾸려졌고 대부분 1만 원 이하의 소액이었다. 후원자 중에는 이전부터 친분이 있었던 사람들도 있었지만, 홈페이지나 관련기사를 보고 우리의 뜻에 공감하여 선뜻 손을 내밀어 주는 분들도 많았다. 후원금

만으로 운영비를 충당하기는 어려웠다. 공식적인 일과가 끝나면 활동가들은 아르바이트를 해서 생활을 꾸려갔다.

전화 발신이 수시로 차단되고 전기와 수도까지 끊기는 상황이 발생하기도 했다. 이런 사태가 반복되고 통장에 돈이 한 푼도 없던 어느 날이었다. 후원자 한 분을 찾아가 "지금 재정이 많이 열악하여 힘든 상황입니다. 후원해 주십시오" 했다. 그분은 "너무 고생한다. 이렇게 찾아오지 않아도 내가 먼저 신경 써야 했는데 미안하다"라고 하면서 1년 치 후원금을 선뜻 내놓으셨다. 그 돈으로 전화와 전기 요금을 냈다. 전화 벨소리를 듣는 순간 그분의 따스한 마음이 전해지는 것 같아 눈물이 왈칵 쏟아졌다. 천만금보다 더 값어치 있는 돈이었다.

'살림'만의 공간에서 벌어진 일

　'살림'을 살기 위해 가장 필요한 것은 공간이었다. 살림을 차릴 '돈'이 없었던 나는 보험약관대출을 통해 5백만 원을 간신히 마련했다. 이 돈으로 원하는 장소를 구할 수 있을까 하는 생각을 하면서도 '하늘은 스스로 돕는 자를 돕는다'라는 믿음을 버리지 않았다. 부동산 중개수수료를 아끼기 위해, 몇 날 며칠 골목 군데군데 설치된 게시판, 전봇대나 담벼락에 붙어 있는 월세, 전세 등의 알림지를 보는 일들을 수차례 반복했다. 그리고 마침내 아지트를 찾았다. 그곳은 차들이 다니는 대로변에서 멀리 떨어지지 않은 조용한 골목의 1층 주택이었다. 완월동과는 5분, 지하철역과는 3분 거리에 있었다. 사무실 집기류는 새것이 없었다. 사무용품과 소파는 ○○생명의 중고물품을 협찬 받았고, 탁자, 의자 등의 소소한 비품들은 활동가들이 길거리에서 주워 왔다. 상담소 내부도 벽지만 새것이고, 장판 등 건물 구석구석에 꼬질꼬질한 때들이 널려 있었다. 청소를 했지만 몇십 년 동안 묵은 세월의 자국은 지워지지 않았다.

　살림이 처음 둥지를 틀었던 그곳에서 추위, 더위, 집에 기거하는 쥐, 바퀴벌레, 온갖 곤충과 활동가들이 동고동락했다. 사무실은 출입문이 길가 쪽으로 향해 있어 문만 열면 지나가는 사람들을 볼 수 있었다. 가끔씩 호기심 많은 사람들이 길을 가다 미닫이문을 빼꼼 열어 보고는 했다. 출입문을 열고 들어서면 전체 면적의 반을 차지하는 넓은 공간이 나온다. 이곳은 사무공간으로 여러 개의 책상과 의자, 소파 등이 놓여 있다. 다음 문을 열면 회의도 하고 밥도 먹을 수 있는 회의실 겸 식당, 그다음 문을 열면 상담실, 또 문을 열면 부엌과 화장실 등이 나오는 일자형태의 구조였다.

이런 구조는 내가 자랄 때 시골에서 보았던 동네 미용실과 비슷했다. 문을 열면 바로 미용실이 나오고, 다음은 생활할 수 있는 공간, 그리고 부엌이었다. 이곳도 역시 이전에는 미용실로 사용하던 곳인데, 미용실이 문을 닫고 다른 미용실 업자가 나타나지 않으면서 다른 용도로 사용할 수 있도록 개조한 곳이었다.

오래된 집이라서 그런지 장판에는 땟국물이 오글오글 붙어 있었고, 비만 오면 벽지 사이사이로 빗물이 흘러내려 그 자국들이 시커멓게 긴 얼룩으로 남아 있었다. 화장실 문은 바람이 불면 덜커덩 소리를 내면서 요란하게 흔들려 금방이라도 떨어져 나갈 듯했고, 문을 열고 닫을 때 내는 쇳소리가 귀에 거슬릴 정도로 날카로웠다. 강하게 비바람이라도 치는 날이면 움직일 수 있는 모든 것들이 서로 합창하면서 굉음을 뿜어냈다. 그럴 때면 우리는 하루 종일 공포와 불안에 떨어야 했다.

천장은 요란한 소리를 내며 뛰어다니는 쥐들의 아지트였다. 우리는 화장실에 갔다가 출몰한 쥐를 보고 놀라서 얼굴이 새하얗게 질려 혼비백산 고함을 지르면서 뛰쳐나왔다. 가끔씩 요상하게 생긴 이름도 알 수 없는 처음 보는 벌레들이 출몰해 놀란 가슴을 쓸어내리는 날이 한두 번이 아니었다. 쥐가 무서워 화장실에 가지 못해 100여 미터 떨어진 성당 화장실을 이용하기도 했다.

쥐가 시시때때로 출몰하는 상황에서 특단의 대책이 필요했다. 쥐약과 쥐덫을 놓았고 쥐가 산 채로 달라붙는 찍찍이도 놓았다. 아침에 출근하면 죽은 쥐가 있기도 했고, 찍찍이에 붙어 산 채로 버둥거리며 끊임없이 찍찍대는 놈도 있었다. 이런 날이면 활동가들은 하루 종일 마음을 진정시키느라 진땀을 흘렸다. 보통은 무서워서 치우지 못하는 활동가들을 대신하여 내가 처리해야 했다. 쥐로 인해 초긴장 상태에 빠져 있던 어느 날 아침! 모두를 놀라게 하는 사건이 일어났다. 아침에 출근하니 쥐 가족이 찍찍이에 붙어 있었다. 엄마쥐, 아빠쥐, 새끼쥐 두 마리 등 네 마리가 한꺼번에 잡혔다. 처리하기 난감했다. 아무리 쥐라지만 새끼가 있어서 다들 측은해했다. 하지만 쥐를 '죽이야' 된다고 생각하고 과감하게 행동으로 옮겼다. 나는 찍찍이 판을 실 감듯이 돌돌돌 감아서 살려 달라고 발악하는 걸 무시하고 그들을 영원한 안식처로 보냈다. 그 뒤로도 쥐들은 가끔씩 출몰했지만 한꺼번에 무리를 지어 나타나지는 않았다. 하지만 쥐들과의 전쟁은 계속되었다.

그렇게 쥐들과의 전쟁을 치르고 한숨 돌리고 있던 어느 여름날이었다. 강렬한 햇빛을 받은 사무실은 찜통이었고 우리는 선풍기 두 대로 간신히 여름을 견디고 있었다. 사무실에 잠깐 들른 언니가 활동가와 이야기를 하면서 부채질을 하다가 머리를 뒤로 젖히면서 천장을 보더니 날카로운 비명을 지르며 위를 가리켰다. 날개 달린 개미떼가 유유자적 천장을 대각선으로 가로지르고 있었다. 오래된 건물이라 습하고 이전에도 그런 적이 있어서 무심히 쳐다만 보고 있었다. 그런데 무언가가 조금씩 꿈틀거리더니 그 수가 급격하게 불어났고 급기야는 그곳을 새까맣게 덮었다.

벽과 천장 전체가 벌레들로 발 디딜 틈이 없는데도, 놈들은 계속 줄지어 나오고 있었다. 물 만난 고기처럼 사무실 구석구석을 모두 장악할 기세였다. 다급한 마음에 어떤 행동이라도 해야 할 것만 같았다. 설레발을 치면서 분주히 움직이던 중에 눈에 들어오는 것이 있었다. 에프킬라(모기약)였다. 있는 힘을 다해 눈을 꼭 감고 그것들을 향해 발사했다. 그런데 이게 어찌된 일인가? 그것들은 모두 바닥에 떨어졌고 우리는 기쁨의 환호성을 질렀다. 몇 차례 모기약을 발사한 후 그것들이 나올 만한 구멍을 청테이프로 꽁꽁 틀어막았다. 이후로 그들의 기세는 잠잠해졌다. 하지만 천장이나 벽 틈새로 가끔씩 고개를 내밀 때면 모기약부터 먼저 찾았다. 틈만 나면 우리를 괴롭혔지만 떼를 지어 나타나지는 않았다.

벌레들이 대규모로 출몰할 때 함께 있었던 언니는 집 천장에 파리만 붙어도 깜짝깜짝 놀란다고 했다. 그리고 "벌레들이 득실거리는 곳에 누가 상담하러 오노? 못 미더워서 안 오겠다. 빨리 이사 가라" 했다.

2년 후 후원자들의 도움을 받아 초창기 사무실 두 배가 넘는 곳으로 옮겼다. 마침내 더위, 추위, 쥐, 바퀴벌레, 곤충들로부터 해방되었다며 감격스러워 했다. 쥐와 이상야릇한 벌레들과의 동거를 뒤로하고 널찍하고 깨끗한 사무실로 이사하던 날, 한 활동가는 "사무실이 갑자기 너무 좋아진 것 같다. 예전의 소박한 모습을 좋아했던 언니들이 어색해하면 어떻게 하나"라며 행복한 고민에 빠졌다.

　　하지만 오판이었다. 건물이 서향이고 창이 통유리로 되어 있어 강렬하게 내리쬐는 태양에 무방비 상태로 노출되는 여름은 그야말로 찜질방을 방불케 했다. 에어컨을 틀어도 바깥 기온보다 높았고 아침에 출근하면 내부기온이 30도를 훨씬 웃돌았다. 그리고 겨울에는 북풍한설이 몰아치는 시베리아벌판에 있는 것 같았다. 활동가들은 가스난로를 비롯한 난로를 각자 하나씩 끼고 두꺼운 오리털 잠바에 전기방석까지 동원했다. 한겨울에는 손이 시려 컴퓨터 타자를 치기가 힘들 정도였다.

　　그리고 세 번째로 이사한 곳은 상상도 못한 유토피아적인 공간이었다. 15층 건물의 7층으로 100평이 넘었다. 여름에는 대지가 지글지글 끓어오르고 숨이 턱턱 막혀도 천장과 벽에서 나오는 에어컨 바람 때문에 우리는 긴 소매 옷을 입었고 때로는 개도 안 걸린다는 여름 감기에 걸렸다. 또한 건물 안에 목욕탕이 있어 겨울에는 난방을 따로 하지 않아도 따뜻했다. 이전 사무실들과는 비교도 안 되는 근무 환경이었다.

　　이사하는 날 활동가가 "인제 일할 맛이 난다. 이런 곳에 오리라고는 꿈에도 생각 못했다. 엘리베이터도 있고"라며 행복해했다. 그러나 이런 행복도 오래가지 못했다. 월세와 관리비가 너무 비싸 허리가 휘어질 지경이었다. 후원금으로 건물주 좋은 일만 시키고 있었다. 이 돈이면 언니들과 밥 한 번 더 먹고 언니들 필요한 것 하나 더 살 수 있다는 생각에 다시 이사를 감행했다. 사람은 나이가 들면 옛날로 돌아가고 싶은 회귀본능이 있다고 했던가? 우리는 처음 시작했던 그곳과 가까운 곳으로 다시 돌아갔다.

'살림'이 나타났다!

　　살림 개소식 이후 팥시루떡을 운반기구에 싣고 완월동에 갔다. 비교적 이른 저녁시간(오후 10시)이라 동네는 한산했지만, 업소마다 언니들이 나와 있는 곳이 많았다. 현관이모(나까이, 호객행위를 하는 사람을 부르는 집결지 은어)들은 대부분 업소 밖 의자에 앉아서 잡담을 하거나, 호객행위를 하고 있었다. 우리는 떡을 나누기 위해 업소에 들어갔다가 현관이모에게 입에 담지 못할 욕을 들었다. 그는 업소 밖으로 우리를 강제로 밀어내고 소금을 한 바가지 뿌렸다. "재수 없게 어디 감히 여자가, 손님도 안 왔는데 업소 문턱을 넘냐, 다음에도 이러면 가만 안 놔둔다"라고 했다. 그리고는 떡을 땅바닥에 던졌다.

　하지만 우리는 이런 반응에 아랑곳하지 않고 동네 곳곳을 다니면서 "이 떡을 언니들에게 꼭 건네주어야 한다"라며 현관이모들에게 전했다. 그러자 그들은 마지못해 떡을 언니들에게 주기도 하고, 자기가 먹기도 하고, 의자 옆에 놓아두기도 했다. 하지만 대부분은 "못 먹는 것 왜 가지고 왔냐"라고 하면서 쓰레기통에 버렸다.

이날의 아웃리치는 힘들었지만 성과도 있었다. 충초회(완월동 포주들의 친목단체로 완월동 안에서 일어나는 '진상' 성구매자 처리, 업소 간의 충돌 중재, 공공기관 등 권력기관과의 민원 해결 등의 일을 처리하는 곳)의 영향력 아래에 있지 않은 업소 언니들과 안면을 텄다. 완월 동에는 도롯가나 외진 골목 등에 있으면서, 충초회에 가입되지 않은 업소와 현관이모들이 없는 업소들이 상당수 있어서 직접 업소에 들어가 언니들에게 말을 걸 수 있었다. 그날 만난 언니들 의 숫자는 비록 적었지만, 희망을 안은 하루였다.

이후로도 매주 자원봉사자들과 꾸준히 완월동에 들어갔다. 몇 달 동안 아웃리치가 이어졌지만 1층 미스방(여성들이 성구매자에게 선택되기 전까지 대기하는 장소로 일명 유리방이라고 한다)에 언니들은 없었다. 물품은 현관이모들이 언니들에게 전달해 주겠다고 했으 나 살림을 방문하는 여성들은 없었다. 뒤늦게 알았지만 현관이 모들이 물품을 언니들에게 전달하지 않고 중간에서 가로챘던 것 이다. 이런 상황이 계속되어서는 안 되겠다고 생각해서 언니들과 소통할 수 있는 다른 방법을 찾기로 했다.

완월동은 전염병 관리법상 특수업태부로 등록되어 있어 매주 한 번씩 모든 여성들이 성병검진을 받아야 했다. 매주 월요일부 터 목요일, 아침 8시부터 동네에 있는 개인병원에서 각자 검진을 했다. 우린 그곳에서 언니들을 직접 만나기로 했다.

아침 일찍 시작된 검진에 언니들이 피곤한 몸을 이끌고 하나둘 씩 나타나기 시작했다. 혼자서 무심하게 터덜터덜 슬리퍼를 신고 오는 언니, 몇 명씩 뭉쳐서 줄지어 오는 언니들, 업소 관계자와 같이 오는 언니 등 언니들이 업소에서 처한 상황이나 업주가 통제하는 스타일에 따라 검진 받으러 오는 언니들의 모습이 각양각색이었다.

혼자 오는 언니는 업주에게 신임을 받고 있는 경우, 집단으로 오는 언니들은 그들 중 한 명이 업주와 친하거나 업소에서 새끼 마담을 하면서 다른 언니들을 관리하는 경우, 현관이모와 1:1로 오는 언니는 업소에 온 지 얼마 안 되었거나 전국 업주들 사이에 요주의 인물로 찍혀 있거나 선불금이 많아 잠수를 탈 가능성이 있는 경우가 대부분이었다.

아웃리치는 우려했던 것과 달리 순조롭게 진행되었다. 업소 관계자들이 가끔씩 소식지나 물품 주는 것을 막고 언니들에게 접근하지 못하게 하고, 다시는 나오지 말라고 고래고래 고함을 지르기도 했다. 하지만 충초회가 전면에 나서서 우리가 하는 행동을 저지하거나 방해하지는 않았다.

아웃리치가 편안한 일상으로 자리 잡아가던 어느 날이었다. "소식지 내용이 너무 평이해서 언니들이 우리가 하는 일이 뭔지 알 수 없을 것 같다"며 "좀 더 과감하고 공격적으로 접근하자"고 활동가들이 제안했다. 나는 스티커 내용이 너무 자극적이라 업주들의 반발을 불러올 것이고 그나마 안정적으로 진행하던 아웃리치도 못하게 될 것이니 상황을 좀 더 지켜보자고 했다. 그러나 혈기 왕성한 활동가들은 주장을 꺾지 않았다. 노란 바탕에 초록색으로 새겨진 '업소 선불금은 무효'란 글씨는 한눈에 확 들어왔다.

운명의 날 아침, 임신 7개월이었던 나를 제외하고, 바뀐 스티커를 들고 나갔던 활동가 두 명이 돌아올 시간이 됐는데 오지 않았다. '오늘은 언니들이 많아서 늦게 오는 것이겠지'라고 생각하고 있을 때 한 통의 전화가 걸려왔다. 다짜고짜 상담소의 위치를 물었고 그 순간 '올 것이 왔구나'를 직감했다.

얼마 후 활동가들이 왔다. 지친 표정이긴 했지만 아무렇지도 않은 듯이 무덤덤하게 자신들이 겪은 이야기를 했다. '선불금 무효' 스티커를 나누어 준 지 5분도 지나지 않아 업주들과 현관이 모들이 몰려왔다. 충초회 총무가 "이런 식으로 하면 어떻게 하나, 내가 너희들을 지켜줄 수 없다. 이런 식으로 하면 여기 사람들 거칠어서 어느 날, 길 가다가 등에 칼 맞을 수도 있다"는 협박을 했다고 한다. 또한, 주변에 있던 사람들이 삿대질을 하고 욕설을 퍼부었으며 사람들이 삽시간에 몰려왔다고 했다. 위협을 느낀 활동가들은 파출소에 신변보호를 요청했고 출동한 경찰들과 함께 파출소에 가서 사건경위를 설명하고 오는 길이라고 했다.

얼마나 지났을까. 업주들 30~40명 정도가 한꺼번에 상담소로 들이닥쳤다. 그중 나이가 가장 많아 보이는 업주는 들어오자마자 바닥을 치면서 대성통곡했다. "너희들 때문에 우리 다 망하게 생겼다, 우리 살려내라, 너희들이 우리를 다 죽이겠다" 등등의 넋두리와 협박성 통곡이 이어졌다. 다른 한쪽에서는 업주들이 사무실 집기들을 발로 차고 책상 위에 있는 서류들을 찢었다. 욕설과 고함으로 일순간 아수라장이 되었다. 그들은 이성을 잃은 듯이 난폭해져 있었고 무슨 일이 벌어질지 모를 일촉즉발의 위기 상황이었다. 임신 중이었던 내 배는 딴딴한 풍선처럼 부풀어 올라 있는 상황이었고 업주들은 바로 앞에서 나에게 삿대질을 하고 있었다. 위험을 감지한 용감한 활동가가 뒤에서 두 손으로 나의 배를 가리면서 딱 붙어 섰다.

그렇게 몇 분이 지나갔고, 이러다가는 도저히 안 되겠다는 판단이 들었다. 책상 위에 있던 서류를 집어 들고 그들을 향해서 던지면서 "조용히 해요, 뭐하는 짓입니까? 다 나가요" 하며 소리쳤다. 각자의 방식으로 행패를 부리고 있던 사람들이 일순간 나를 쳐다보며 조용해졌다. 나는 "하고 싶은 말이 있으면 몇 사람만 남고 다 나가요, 그렇지 않으면 대화하지 않겠습니다" 했다. 그러고 나서 또 한바탕 소동이 일어났고 업주 대표가 다들 돌아가 있으면 자기가 업주들의 뜻을 전달하겠다고 했다.

약간의 실랑이 이후 대부분의 업주들은 돌아갔고 남은 업주들은 "장사가 안 된다", "업소 아이들 사기꾼이다", "놀고 싶은 것 다 놀고, 하고 싶은 거 다 한다", "선불금이 무효라고 이런 거 나누어 주면 사기 치는 아이들이 많다", "상담소가 사기를 조장하고 있다", "쟤들 잘 먹고 잘산다", "완월동이 이 업계에서는 최고 편하다", "누릴 거 누리고 할 거 다 한다" 등등 언니들에 대해 온갖 비난을 하며 완월동이 괜찮은 동네이고 자기들은 업소 여성들에게 정말 잘해주는 업주라고 했다. 그들은 2시간여 동안 우리를 위협하고 달래면서, 자신들의 처지를 하소연하였다. 그 사이 경찰이 와서 그들을 돌려보냈다.

다음 아웃리치 때는 '선불금 무효' 조항 스티커 배포를 잠시 보류하기로 했다. 업주들의 위협이 무서웠다기보다는 이런 상황이 지속되면 동네에 접근조차 힘들어지고, 언니들을 만날 수 있는 통로가 원천적으로 차단될 수 있기 때문이었다.

이 사건 이후, 완월동 업주들 사이에 살림의 존재가 확실히 알려졌다. 업주들은 완월동에서 사건이 일어나면 우리가 알고 있는지 알아보기 위해 가끔씩 들렀다. 또한 완월동에 가면 "여성단체 온다, 살림 온다" 하고 소리 지르면서 자기들끼리 챙겨 주는 모습도 보였다. 우리의 존재가 업주들에게는 무언의 압박이 되고 있다는 것을 느낄 수 있었다. 그 뒤로도 업주들은 가끔씩 염탐하듯 살림을 기웃거렸고, 우리가 조금이라도 친절하게 대하면 확 다가오기도 했다

아웃리치를 하다 보면 활동가, 성구매자, 호객행위 하는 현관 이모, 노점상, 화려한 옷으로 치장한 무표정한 언니들, 경찰들이 시공간을 초월하여 한 곳에 있는 아이러니한 상황이 연출되기도 했다. 가끔씩 마주치는 경찰들은 우리에게 "여성들이 성매매를 하는 모습을 보니 어떠냐"라며 비아냥거렸다. 성구매자들은 "○겠다", "○○주라", "니가 더 맛있겠다" 등의 성희롱과 함께 활동가의 가슴을 손가락으로 치거나 엉덩이를 만지는 등 성추행을 일삼기도 했다. 업소 관계자들이 도로에 드러눕거나 차량을 파손하는 행패에 차에 갇히고 어두운 동네 길에 몇 시간씩 대치하는 일도 있었다.

이런 상황에서도 우리는 언니들에게 필요한 물품과 정보를 전달했다. 미스방에 앉아 있는 언니가 보이면 물품을 주는 손은 현

관이모를, 눈빛은 그들을 향하면서 나를 한번 쳐다봐 달라고 마음속으로 텔레파시를 보내기도 했다. 간절한 기운이 통했는지 순간적으로 눈이 마주치기라도 하면, 언니들의 무표정한 표정과 슬프고 애잔한 눈빛에 비애감이 몰려와 그 자리에 정지된 듯 서 있기도 했다.

쌀, 김치, 떡 나누기, 크리스마스 선물, 비가 억수로 오는 날 밸런타인데이 초콜릿 나누기, 3.8여성의 날 홍보, 300여 개의 부활절 계란 나누기, 숨은그림찾기 후 마스크팩 나누기 등을 하던 날은 언니들이 현관이모의 눈치를 보면서도 뜨겁게 우리를 맞아준 감동적인 순간들이었다.

수년간의 경험 끝에 아웃리치 기본원칙을 정했다. 업소 들어가기 전 사전 전략회의를 한다(경험의 유무에 따른 팀 편성, 적절한 언어 및 행동 수칙, 질문에 대응할 사람 지정 등), 업주나 상인들이 욕을 하더라도 대꾸하지 않고 웃는다(초멘탈 유지 강요), 동네 골목을 다니는 성구매자들이 이상한 말을 하더라도 신경 쓰지 않는다(초무시 기법), 미스방 언니들이 우리에게 관심 보이지 않더라도 인사하고 눈빛을 마주친다(진심 강요), 아는 언니인데 업소에서 보게 되는 경우 언니가 아는 척하지 않으면 우리도 모르는 척한다(아는 사람 무시 기법). 이런 방법으로 업소 관계자들의 방해 공작에도 아랑곳하지 않고 묵묵히 언니들을 만나러 갔다.

초량 '텍사스'의
외국인 여성들

우리는 유흥주점, 룸살롱, 나이트클럽, 단란주점, 이발소, 증기탕, 마사지방, 노래방 등 '산업형'('겸업형'이라고도 하며, 집결지(전업형)와는 다르게 유흥주점이나 마사지업 등 다른 업종을 표방하고 있으면서도 성매매가 이루어지는 업소를 말한다. 한국사회에서 이러한 겸업형 성매매 업소는 전체 성산업의 95%가 훨씬 넘고, 성착취 구조가 산업화되어 있다는 의미에서 '산업형'이라고 부른다)이라 불리는 업소에서도 여성들을 만났다. 이런 유형의 업소에 들어가서 언니들을 만난다는 것은 여간 어려운 일이 아니었다. 모든 산업형 업소가 성매매를 한다고 단정할 수 없다. 따라서 무턱대고 들어갈 명분이 없었다. 그래서 경찰의 기획단속이나 행정기관의 정기적인 업소 점검, 또는 업소에서 성구매자가 신고하거나 언니들이 폭력을 당하거나 죽는 사건이 발생하는 등의 이례적인 상황에만 출입이 가능했다.

그렇다고 간헐적이고 일시적인 공공기관의 협조를 하염없이 기다릴 수도 없었다. 공권력에 기대지 않고 언니들에게 접근할 수 있는 방법을 찾아야 했다. 여러 가지 방법을 고민하던 중 전염병 관리법에 따라 업소에서 일하는 여성들이 한 달에 한 번씩 업소 주변의 산부인과나 지역보건소에서 성병 검진을 받고 있다는 사실을 알았다. 성병 검진을 하는 병원을 찾아가 협조를 요청했지만 대부분 불쾌해했다. 하지만 호의적인 병원도 있어 우리가 만든 소식지 등을 병원 진열대에 비치할 수 있었다. 또한 언니들이 검진하러 오는 시간에 맞추어 병원 검사실 앞에서 우리가 하는 일을 홍보했다.

검진하러 오는 여성들 모두가 성매매를 한다고 단정할 수 없었다. 거기다 잘못 다가가면 상처를 입고 만나는 것 자체를 피하거나 꺼릴 수도 있었다. 그래서 우리는 언니들이 업주나 업소 손님 등으로부터 당하는 부당한 사례에 초점을 맞췄다. 부당한 사례의 하나로서, 성매매를 조건으로 하는 선불금은 무효라는 것 등을 비롯하여 업주의 폭력과 갈취에 대한 법률지원을 안내하는 책자를 제작하고 배포했다.

또한 그들이 자존심 상하지 않도록 표정, 말투나 행동 하나하나에 각별히 신경 쓰면서 조심스럽게 다가갔다. 우리의 이런 배려 때문이었는지 얼마 지나지 않아 많은 여성들이 찾아왔다. 업소에서 부당하게 당했던 성착취와 인권유린, 선불금 등의 문제를 그들은 이야기했다.

그들에게 '어떻게 여기를 알고 오셨어요?' 하면 '전에 병원에서 봤잖아요? 보건소 의자에 앉아서 이야기했잖아요' 하거나 '아는 언니가 여기 가면 해결될 거라고' 해서 찾아왔다고 했다. 이렇게 우리와 만나고 인연을 맺은 언니들이 다른 인연을 또 연결시키면서 발길은 계속 이어지고 있다. 이 바닥에서도 아는 인맥은 무시하지 못한다.

언니들을 만나기 위한 우리의 활동은 국경을 초월했다. 초량 외국인 상가(이하 초량 텍사스) 지역은 부산에서 외국인 전용지역으로 지정되어 있어, 외국인을 대상으로 한 유흥업소가 밀집된 곳이다. 이곳에서는 오래된 건물로 인한 안전문제와 심각한 인권 침해를 해결하기 위해 초량외국인 상가로 이름을 바꾸고 새 건물이 들어서는 등의 시에서 진행하는 지역정화 사업이 진행되었다. 그러나 업태의 변화는 거의 없어 외국인 전용카페와 외국인 전용클럽으로 영업을 하고 있었다.

부산역 맞은편 긴 골목을 중심으로 한쪽은 러시아, 우즈베키스탄, 카자흐스탄 등지에서 온 여성들이 주류를 이루고 있었다. 이 중에는 조부모가 사할린 등지로 강제 이주하거나 북한에서 블라디보스토크 등으로 넘어간 사람들로, 겉모습은 한국 사람처럼 보이는 여성들도 상당수 있었다. 다른 한쪽은 필리핀 여성들이 많이 모여 있는 곳으로, 주로 외국인 전용클럽에서 노래도 부르고 춤도 추고, 음료를 팔면서 일하고 있었다. 이들 전용클럽에는 대부분 열 명 이상의 외국인 여성들이 있었다.

러시아 여성들은 관광비자, 필리핀 여성들은 연예비자로 들어와서 일을 했으며, 2차(성매매)를 나가는 경우도 종종 있었다. 내가 만났던 필리핀 여성들은 노래를 잘했다. 무대 위에서 그들이 노래 부르는 모습을 보고 넋을 놓을 때도 있었다. 그들은 한국에서 가수로 일하면 돈을 벌 수 있다는 연예기획사의 말을 듣고 열심히 노래 연습을 하고 한국의 영상물등급위원회로부터 공연 추천을 받은 후 E-6비자를 받고 들어왔다.

하지만 한국에서 가수로 일할 수 있다는 기대도 잠시, 입국과 동시에 여권을 압류당하고 외국인 클럽으로 보내져 노래도 부르고 음료도 팔아 개인당 정해진 하루 매상 금액을 채우도록 강요당했다. 그리고 이른바 '바파인(bar fine)'이라고 불리는, 성매매도 강요당했다.

2010년 초반, 2,000여 명에 가까운 필리핀 여성들이 우리나라에 들어와 클럽에서 일했다. 미군 부대 근처의 기지촌이나 항구 주변에는 주로 외국인들을 상대로 하는 클럽들이 성황 중이었다. 전국적으로 100여 개의 기획사가 필리핀 여성들을 데려왔고, 그중 일부가 초량 텍사스 지역으로 유입되었다.

외국인 업소에 들어가는 것은 한국 업소보다 훨씬 쉬웠다. "이주민 지원센터에서 왔어요" 하면 들어가는 것을 막지 않았다. 몇몇 업주들이 들어오지 못하게 하는 경우도 있었지만 대부분은 출입을 막지 않았고, 자유롭게 여성들을 만날 수 있었다.

소식지는 러시아어와 따갈로그어(필리핀어)로 만들었다. 우리는 그들 나라의 언어로 기본적인 인사말을 배웠고 자원통역사도 동행했다. 그들은 자기 나라 말로 인사하는 우리를 신기해했고 '언니, 언니' 하면서 반갑게 맞아 주었다. 하지만 간단한 인사말 외에 의사소통이 되지 않아 아쉬운 발길을 돌려야 할 때가 한두 번이 아니었다.

그래도 손짓, 발짓, 눈짓 등으로 끈질기게 다가간 우리의 노력

은 헛되지 않았다. 그들은 한국에서 당한 부당한 노동행위와 성
착취 등의 법률적인 문제를 해결하고 고국으로 돌아갔다. 고국
으로 돌아갈 형편이 되지 않았던 여성들은 쉼터에서 생활하면서
아르바이트를 하거나 자활지원센터에서 일하며 귀국 자금을 마
련한 뒤에 자신의 나라로 돌아갔다.

성매매 합법화의 나라, 호주에 가다

2013년에 '성매매 문제해결을 위한 전국연대'와 함께 여성가족부의 해외성매매피해자 지원 프로젝트로 호주 멜버른에 갔다. 호주 ABC방송국의 〈포 코너스(Four corners)〉라는 프로그램에서 성노예로 팔려 가는 한인 여자친구를 구하려다 살해당한 호주 청년의 이야기를 다룬 특집 다큐멘터리가 방영되었다. 이것을 계기로 호주에서 한국인 여성 성매매 이슈가 부각되었고 한국과 호주 간의 여성 인신매매와 성착취 범죄가 수면으로 떠올랐다. 이 사건 이후 양국 정부는 호주로 팔려 가는 한국 여성들의 성착취·인신매매에 관심을 가지게 되었다. 그러면서 양 국가뿐만 아니라 민간단체들의 활발한 교류도 이루어지게 되었다.

우리가 머물게 된 멜버른은 빅토리아 주에 소속된 시다. 경찰 단속의 어려움과 성매매 여성의 인권보호라는 명목으로 1984년 세계 최초로 성매매를 합법화한 곳이다. 호주 정부 보고서에 따르면 성매매 합법화 이후에 성산업이 더욱 확산되고, 아동 성매매와 인신매매도 확산되고 있다고 했다. 합법화된 성매매 업소는 시 외곽으로 조금만 나가면 볼 수 있다. 지역신문에 자세하게 광고를 하기도 하고, 여행자들을 위한 사이트를 개설해 놓고 업소

위치 등을 친절하게 안내하기도 한다.

멜버른에 도착한 다음 날 프로젝트 리스펙트(project respect)를 방문했다. 그곳은 1998년 설립 이후 성매매와 인신매매된 여성들의 생존권과 인권향상을 위한 활동, 인신매매 피해자 지원, 아웃리치 서비스, 동료지원 프로그램, 자활지원을 위한 활동, 인신매매 국제네트워크 연대 등의 활동을 하는 NGO다. 활동가들 대부분은 여러 나라 사람들로 구성된 성매매 경험 당사자들이었다.

그곳에서 매주 금요일 공동체 식사를 했다. 공동체 식사 자리는 인종과 국가를 초월하여 성매매 경험 당사자, 활동가들이 함께 음식을 먹으며 대화를 나누는 소통과 만남의 장이었다. 우리는 한국 마켓에서 산 재료로 김밥과 산적, 샐러드를 만들어 한국 음식을 선보였다. 억센 억양에 키가 크고 당당하며 매력이 넘치는 언니, 평양 사투리를 구수하게 구사하며 피부색이 까무잡잡한 언니, '업소에 들어갈 때 우리가 알아야 할 매뉴얼'을 쓴 호주 성매매 경험 당사자 언니 등 업소에서 일하고 있거나 나온 언니들이 하나둘 식사 시간에 맞추어 나타났다. 이렇게 모인 우리들은 몇 시간 동안 끊임없이 일상에서 일어나는 소소하고 재미있는, 때로는 무거운 주제들로 대화를 나누었다.

한국에서 성매매를 가능케 하는 업소는 크게 두 가지 유형으로 분류된다. 전업형(전통형) 성매매와 겸업형(산업형) 성매매다. 전업형 성매매는 소위 홍등가, 사창가, 기지촌, 집결지 등으로 불리며, 특정 지역에 집중되어 있고 업소 안에서 직접적으로 성매매를 하는 곳이다. 겸업형 성매매는 유흥주점, 단란주점, 간이주점, 마사지업, 증기탕, 이발소, 티켓다방, 노래방 등 유흥접객 서비스업의 유형으로 다른 업종에 추가하여 성매매를 하는 곳이다. 합법화된 호주의 성매매 형태는 우리의 전업형 성매매 즉 전통형 성매매와 유사했다.

한국은 성매매가 불법이지만 업소는 대규모화(한 지역에 70~80여 개 업소가 밀집되어 있으며, 종사 여성은 한 업소당 평균 10명 이상)되어 있다. 하지만 합법화된 호주는 업소가 한 곳에 집중되어 있지도 않았고, 현관이모나 여성들의 호객행위도 없었다. 업소 관계자도 입구에서 계산하는 사람 이외에는 거의 찾아 볼 수 없을 정도로 소규모화되어 있었다. 또한 주택가 외곽에 띄엄띄엄 6~7개 업소가 있었다. 업소는 주택을 개조한 건물로 주로 1층이나 2층이었고, 여성 수도 10여 명 안팎이었다. 업소 형태나 규모, 여성들의 수 등 한국에서 경험으로 알고 있었던 나의 고정관념(현대식 고층 건물에 술과 접대, 성매매까지 한곳에서 이루어지거나 5~6층의 여관 형태의 건물에 몇백 명의 업소 관계자와 여성들이 있고, 그들의 거친 방해공작 등이 있는)이 한순간에 무너졌다. 업주들은 중국인들이 대부분이었고, 여성들은 다양한 국적을 가지고 있었다. 백인들만 있는 업소, 한국 여성들만 있는 업소, 중국 여성들만 있는 업소, 아시아 여성들이 함께 있는 업소 등으로 다양했다.

호주에 도착한 지 며칠 지나지 않아 구세군의 도움을 받아 멜버른 시내 외곽에 있는 업소에 아웃리치를 나갔다. 구세군 회원인 현지인의 집에서 직접 컵케이크를 만들었다. 아웃리치 첫날

두 명의 여성이 대기실에서 편안한 복장으로 화장을 하고 있었다. 그들의 화장하는 모습과 쳐다보는 눈빛에는 무관심과 체념이 교차하고 있었다. 냉장고 위에는 한국 라면이 가득 있었고, 곳곳에 한국어로 된 책과 음식 배달 정보지 등이 놓여 있었다. 우리는 건강 정보와 업소에서 부당한 대우를 당했을 때 연락할 수 있는 번호가 적혀 있는 소식지를 배포했다.

몇 차례 현장 방문으로 서로의 얼굴을 익혀 서먹함이 조금씩 사라져가고 있을 즈음 추석이 되었다. 이역만리에 있는 사람들은 명절이 되면 고향이 그립기 마련이다. 특히 혼자 외롭게 타향살이를 해야 하는 그들의 심경은 더 복잡할 것 같았다. 한국 음식을 만들어서 그들의 마음을 달래 주고 싶었다. 추석 때 잡채와 송편을 먹고 싶다고 했다. 한국 사람이 운영하는 떡 방앗간에 송편을 주문하고 구할 수 있는 재료를 최대한 구해 잡채를 만들고 산적도 구웠다. 오랜만에 해보는 잡채는 맛이 영 신통치 않았고, 산적은 군데군데 탔으며, 송편은 방앗간의 실수로 다른 지역으로 배달되었다. 멜버른 시내의 한국 떡집을 찾아다니면서 떡을 몇 개씩 낱개로 사야 했다. 우리는 맛이 없다며 주는 것을 머뭇거렸지만, 언니들은 정성 어린 음식에 감동했고 맛있게 잘 먹었다, 추석이라서 그런지 고향 생각이 난다, 집에 가고 싶다, 고맙다, 라며 눈물을 글썽거렸다.

호주에서의 일정이 거의 마무리 되어갈 즈음 멜버른 외곽에 있는 댄디농 지역에 아웃리치를 나갔다. 멜버른 시내에서 자동차로 2~3시간을 이동해야 하는 만만찮은 거리였다. 시내에서 한참 떨어져 있다 보니 현지 단체의 도움을 받기도 힘들었다. 현지 단체의 도움 없이 업소에 들어간다는 것이 불안했지만 설레기도 했다. 댄디농은 공장지대로 우리나라의 산업단지 같은 곳이었다. 그곳은 공장들을 중심으로 구획 정리가 잘 되어 있었고, 성매매 업소는 공장 부근에 하나씩 몇 km 간격으로 떨어져 있었다. 마치 군인들 막사가 즐비한 곳에 자리한 위안소 같았다. 한국 여성들과 아시아 여성들이 섞여 있는 업소 네 군데를 방문했다. 이 지역까지 오는 길은 멀었으나 여성들을 만나는 시간은 얼마 걸리지 않았다.

업소에서 업소로 이동하는 거리에는 일상에서 느끼는 사람의 기운이 느껴지지 않았다. 가끔 한두 대씩 지나가는 차를 통해 사람이 사는 동네라는 것을 느낄 수 있었다. 몇 시간을 움직여도 버스를 찾아볼 수 없어, 그곳은 한 번 발을 들여 놓으면 영원히 나가기 힘든 게토처럼 느껴졌다.

사람도 보이지 않고, 언어도 통하지 않고, 교통수단도 마땅치 않은 곳에서 여성들이 벗어나는 길은 업주나 성구매자의 '은덕' 밖에는 없는 것 같았다. 죽어서 생매장당한다 해도 드러나지 않을 것 같은 두려움이 엄습해 왔다. 이런 마음처럼 산에는 안개가 잔뜩 끼어 있었다. 우리는 안개를 따라 근처 산 정상에 올랐다. 산에는 비가 부슬부슬 내리고 있었으며, 바람도 심하게 불었고, 인기척도 없었다. 한 치 앞도 보이지 않는 안개 속에서 길을 헤매는 우리의 상황이 어쩌면 여성들이 처한 상황인 것만 같았다.

이런 현실을 호주 영사관은 알고 있을까? 우린 멜버른 영사를 만났다. 자상해 보이는 후덕한 모습에 이런 분이라면 이곳에 있는 한국인들의 상황을 잘 이해하고 지원해 주리라 생각했다. 하지만 대화를 하면서 기대는 실망으로 바뀌었다. 여성들이 어떤 방법으로 어떤 비자를 받고 입국하는지 전혀 파악을 하지 못하고 있었다. 그러면서 자신이 가지고 있는 성매매 여성들에 대한 생각과 무지를 스스럼없이 드러냈다. 그들은 호주정부가 건넨 합법적인 업소 주소 외에는 아무것도 아는 게 없었다. 허탈함과 괜한 시간 낭비했다는 생각에 씁쓸함이 밀려왔다. 여기서도 성매매 여성들은 대한민국 국민이 아니었다.

쉼터를 열다

       살림에 오는 언니들이 늘어나면서 고민에 빠졌다. 언니들이 업소에서 나와도 있을 곳이 마땅치 않았다. 하루 이틀 정도 급하게 피난할 곳이 필요한 사건이 생겼을 때는 근처의 모텔이나 활동가 집에서 잠시 기거했다. 하지만 활동가 집에서 며칠 동안 있는 것도 한계가 있는지라 주로 모텔을 이용했다. 언니들이 모텔에 있는 날이면 업주와 사채업자 등 업소 관계자들에게 장소가 발각되어 끌려가거나 자살을 시도할까 봐 혼자 두지 못했다. 활동가들은 개인생활은 잠시 접어두고 언니와 모텔에서 숙식을 함께했고, 밥과 반찬을 비롯한 생필품, 모텔비까지 활동가 개인 돈으로 부담했다.

  긴급하지 않은 경우는 그들을 부산지역의 여성 폭력 관련 시설로 보냈다. 그러나 적응 과정이 쉽지 않았다. 언니들은 "자신의 삶의 이야기를 시설이 바뀔 때마다 또 해야 한다"거나 "우리의 사정을 잘 모르는 곳에 가면 우리를 잘 이해해주겠냐", "병원에 가고 싶은데 못 가겠다. 그리고 성적인 피해도 제대로 말 못 하겠다"라고 하소연했다.

성매매 여성들은 한 업소에서 보통 짧게는 하루 이틀, 길게는 몇 개월 일하다가 소개소, 전주와 업주들의 연결망을 통해 전국 곳곳으로 매매된다. 따라서 성매매를 1년만 해도 거쳐 간 업소가 수십 군데다. 전국으로 팔려 다니는 신세가 된 여성들은 오랫동안 연락을 끊고 살아 관계가 단절된 상태여서 가족에게 돌아갈 수 없다. 업주들은 소개업자를 통해 여성들을 사고, 소개업자들은 여성들을 업소에 팔아넘겨서 소개비를 받는다. 그 과정에서 여성들은 선불금뿐 아니라 업소에서의 각종 부당한 벌금으로 인해 빚이 쌓이고 쌓인다. 선불금과 소개비 등으로 경제적인 감금 상태에 놓인 여성들이 업소에서 탈출하면 업소 관계자들이 그들을 찾기 위해 혈안이 된다. 이런 상황에서 여성들이 안전하지 못한 곳에 있게 되면 납치당하거나, 도서 벽지 등 외진 곳으로 팔려 간다. 이런 위험한 상황에서 몸을 피해야 하는 여성들에게는 업소 관계자들이 모르는 곳, 활동가들과 소통하고 심리적으로 편안하게 쉴 수 있는 그들만의 공간이 필요하다.

그래서 우리는 여러 공익재단 등에서 지원을 받기 위한 다양한 방법을 시도해 보았으나 번번이 좌절했다. 그러던 중 한국여성단체연합의 '여성쉼터지원사업' 프로젝트 공고가 났다. 며칠 동안 밤낮을 잊은 채 사업계획서를 작성했다. '당연히 우리가 된다', '부산지역에서 우리 아니면 할 단체가 없다'라며 자신만만해 했고 결국 자신감은 결실을 맺었다. 과거의 실적이나 단체의 재정적인 여건 등을 보는 기존의 방식에 얽매이지 않는 곳에서 진행했기 때문에 가능한 일이었다. 열정과 실력 그리고 진정 어린 간절함이 이루어 낸 성과였다.

쉼터를 책임질 큰언니, 원장과는 부산지역 여성활동가 모임에서 우연히 만난 것이 인연이 되었다. 서글서글하고 화통한 성격의 소유자로 나이도 제법 있었고 폭력피해시설 원장 경험이 있어 쉼터 책임자로는 제격이었다. 한겨울의 칼바람 속에서 고생 끝에 쉼터를 구했다. 그러자 그는 "아이구, 내가 복이 많다. 어디서 이런 집을 구하것노?" 하면서 해맑게 웃었다. 매서운 추위와 냉기가 흐르는 바닥을 며칠에 걸쳐 청소하느라 활동가들의 손발이 꽁꽁 얼었다. 락스와 세정제로 인해 옷이 얼룩덜룩해졌지만 세상 아무것도 부럽지 않았다.

하지만 이런 행복도 잠시였다. 민간단체 사업을 받았다 하더라도 구청에 쉼터 설치신고를 해야 했다. 구청 담당자는 법적인 시설기준에 적합한지 쉼터 구석구석을 일일이 자로 꼼꼼히 쟀다. 그리고 아무 문제가 없다며 돌아갔지만 곧 입주할 건물이 불법 용도변경이 되어 있어 신고를 받아들일 수 없다는 연락을 했다. 우리는 망연자실했다.

그렇다고 포기할 수 없었다. 1년 예산은 확정되었으니 재정적인 문제는 없었다. 일단 쉼터 운영을 시작했다. 열심히 하다 보면 예산을 또 받을 수 있고 다른 길을 찾을 수 있을 것이라며 서로를 위로했다. 원장은 상황이 이렇게 된 것은 자신 때문이라며 꿈이야기를 했다. "앞으로 몇 년 동안 힘들 건데 내가 안 좋은 꿈을 꾸는 바람에 일을 망쳤다. 소장님 우짜노?" 했다. "우짜긴 뭘 우짭니까? 그냥 하는 겁니다. 꿈 속에 길이 있습니다. 꿈꾸는 자만

이 희망을 가질 수 있고 길을 찾을 수 있습니다"라고 대답했다.

초창기 쉼터는 3층이었고 엘리베이터가 없었다. 2층에는 PC방이 있었고 건물 입구도 음침했으며, 계단에는 쇠창살을 연상시키는 손잡이가 있어서 언니들이 입구에 들어서면 무서워했다. 나와 원장이 한눈에 반해서 전세를 얻었는데, 그때는 왜 그곳이 마음에 쏙 들었는지 지금도 이해가 되지 않는다. 추측건대 음침한 계단을 불안한 마음으로 올라가다 대문을 열고 들어서면 의외로 넓게 펼쳐진 거실과 주방이 마음에 들었기 때문이었으리라.

쉼터에 필요한 살림살이나 생필품, 식료품 구입 등의 장보기는 차가 있다는 이유로 내 담당이었다. 엘리베이터가 없는 건물인지라 겨울이면 김장 배추 100여 포기를 언니들과 함께 3층으로 운반하고, 이후로 며칠 동안 드러눕고는 했다. 또한 명절에 언니들과 함께 음식을 만들면서 서로 음식 솜씨를 뽐내고, 구박하며, 각자의 솜씨와 취향대로 다양한 부침개를 만들었다. 그리고 한 달에 한 번씩 쉼터에서 생활하고 있는 언니들과 활동가들이 삼겹살 파티를 벌였다. 삼겹살 파티 후 노래방에서 함께 노래하고 춤추며 온갖 진기명기를 뽐냈다. 우리의 흥에 문화 충격을 받은 신입 활동가는 살림을 그만두기까지 했다. 하지만 언니들과 활동가들은 이런 일상을 통해 친분을 쌓았다.

그 시기 언니들은 십자수에 심취해 있었다. 한번 십자수를 시작하면, 집 안에 드나드는 사람들에게 눈길조차 주지 않을 정도로 십자수 삼매경에 빠져 있었다. 난 언니들의 십자수 광풍의 수혜자였다. 아들 돌 때 언니들을 초대하면서 "야 십자수 예쁘다.

언니 정말 잘 만들었는데, 내 주면 안 되나"라며 은근히 애교를 부렸다. 나의 애교가 통했는지, 언니들은 아들 돌잔치 때 손수 만든 십자수를 가지고 왔다. 그중 베개는 아들이 초등학교 입학할 때까지 매일 안고 잤다. 7년여 동안 몸과 마음을 편안하게 해주었던 베개는 다 떨어져 누더기가 되었고 아들에게서 떼놓기 위해 집요하게 설득했지만 쉽지 않았다. 잠깐 동안 호랑이 베개로 현혹한 후 버렸는데 아들은 베개를 한참 동안 그리워하며 잠들지 못했다.

쉼터는 2년 동안 미신고 시설이었다가, 전세 계약 기간이 끝난 후 여성부(현재 여성가족부)의 지원을 받아 넓은 정원에 다양한 나무와 잔디가 깔려 있는 주택으로 옮겼다. 뒷마당 빈터에는 상추와 고추를 심고, 가을이면 나무에 주렁주렁 감이 달리고, 겨울에 눈이 오면 눈사람을 만들 수 있었던 자연친화적인 주택이었다. 언니들의 심리적 안정에 크게 도움을 주었지만 전세 계약 기간이 끝나 다시 이사해야 했고, 이후에도 몇 번 쉼터를 옮겨야 했다.

토피어리 만들기로
자활을 꿈꾸다

완월동 언니들과의 만남이 순조롭게 이루어지면서 많은 언니들이 업소에서 나왔다. 어느 날 언니가 "40만 원(성매매 특별법 이후 여성부 지원으로 완월동 집결지 자활지원 사업이 실시되었고, 완월동 여성들에게 한 달에 40만 원의 생계비가 1년 동안 지급되었다) 받아서 어찌 살라꼬. 갈 데도 없고, 뭐 해먹고 살라꼬?"를 연발하며, 자신의 처지를 하소연했다.

탈업소한 언니들은 업소 경험이 10년 이상이고, 중학교를 그만둔 경우가 대부분이었다. 언니들이 업소를 나오는 것은 쉽지 않다. 특히 업소에서 20~30년 이상 살아온 50대 이상의 언니들은 자신의 삶의 흔적과 사회적 관계망이 오롯이 그 공간에 있다. 그곳을 벗어난다는 것은 지금까지 살아온 삶의 터전을 버리는 것이자, 지금까지 쌓아온 사회적 관계망의 단절을 의미한다. 어쩌면 언니들에게는 자신의 생을 건 탈출이나 다름없다.

용감하게 탈출을 감행한 그들은 월세 단칸방을 구해서 근근이 삶을 유지하고 있었다. 그들이 매일 살림에 왔다. "아는 사람이 없어서 갈 데가 없고, 무얼 해야 할지 모르겠다. 저 동네에서 몇

십 년 있었는데 내가 무얼 할 수 있겠노, 이러다 월세도 못 내고 굶어 죽겠다"라고 했다. 나에게는 이런 말이 넋두리로 들렸지만 언니들에게는 삶의 절규였으리라. 그들은 일용직에 종사하면서 하루 벌어 하루 먹고 살아가는 '하루살이 인생'이었다.

우리가 그들의 인생 전체를 책임질 수 없다. 하지만 업소 생활에 지친 언니들에게는 잠시나마 안정적인 일자리로 돈을 벌고, 직업을 갖기 위해 직업훈련도 받고, 아픈 몸과 마음을 치유하고, 오고 싶을 때 올 수 있는 곳, 일하면서 쉴 수 있는 공간이 필요했다. 우리는 이것저것 따질 겨를 없이 후원금을 탈탈 털어서 언니들이 모일 수 있는 장소를 구했다.

언니 네 명과 활동가 세 명이 모였다. 자활 팀장을 맡았던 활동가는 살림 초창기부터 활동가들의 활동영상을 촬영했던 자원봉사자였다. 그는 언니들과 잘 맞았고 언니들의 강력한 성격을 카리스마로 제압하는 강단을 가지고 있었다. 언니들을 진심으로 좋아하고 사랑했다. 언니들도 그의 마음을 잘 알았기에 전적으로 그를 지지했다. 언니들의 전폭적인 신뢰를 바탕으로 그는 자활지원센터 센터장이 되었다.

언니들은 유독 토피어리(작은 식물 장식품으로, 철사로 각종 동물의 모형을 만든 뒤, 물이끼로 표면을 덮고 식물을 심어 만든다) 만들기를 좋아했다. 자활지원센터에서도 그들이 좋아하는 것부터 우선 만들기로 하고 출퇴근 시간을 정해 무작정 모여 만들기 시작했다. 토피어리는 직업훈련과정에서 언니들이 가장 흥미로워하고 많이 참여한 과정이었다. 그들은 토피어리를 만들어서 활동가들에게 주었고 "오늘 처음 만들었는데 ○○에게 제일 먼저 주고 싶었다. 잘 만들었제" 하며 뿌듯해했다. 이런 모습에 마음 약한 활동가들은 토피어리를 많이 구입했다. 그 시절 우리 집 베란다 화분의 80% 정도는 토피어리였다. 바자회에 참석하면 언니들은 "소장님이 마수를 해 주어야 잘 팔리니, 오늘 장사 잘 되려면 먼저 사소" 하며 강권했다. 그러면 나는 못 이기는 척 "네, 많이 파세요. 잘 키우겠습니다. 너무 예뻐요, 잘 만들었네요" 하면서 기쁜 마음으로 샀다.

언니들은 매일 출근해서 토피어리를 만들고 점심 때면 바닥에 신문지를 깔아 삼겹살도 구워 먹고 소주도 한잔하면서 흥이 나면 수저로 장단을 맞추고 노래도 불렀다. 육자배기 노래 속에는 언니들이 거쳐 온 삶의 애환이 묻어났다.

언니들은 이곳에서 일하면서 시간 나는 대로 식당 서빙, 찜질방 청소, 업소 청소, 옷가게 점원, 모텔 청소 등 임시직이나 일용직으로 일했다. 임시직·일용직으로 번 돈 50~60만 원과 살림에서 받은 30만 원으로 한 달을 살았다. 미안하고 죄송스러운 마음에 "언니 이 돈으로 생활할 수 있어요? 월세 내고 나면 남는 것도 없겠네요" 하면 언니는 "이 돈이 알찐 돈이다. 저 동네에서는 한 달에 몇백만 원 벌어도 내 손에는 안 들어오는데 뭐. 지금 돈이 딱 내 손에 있다. 이 돈이 저 동네에서 번 돈보다 훨씬 값어치 있다. 굶어 죽지 않고 살 수 있으니 걱정 마라" 하고 자신 있게 말했다. 언니들 중 한 명은 자활지원센터(이하 자활)에서 3년 일하면서 업소에서 빌린 돈 이천만 원을 다 갚았다. 정말 대단한 언니였다.

정부의 지원 없이 1년여를 운영하다가 지원금을 받게 되자 언니들은 그때까지 하고 있던 아르바이트를 그만두고 매일 출퇴근했다. 10시 출근, 5시 퇴근으로 언니들과 합의하고 본격적인 자활의 닻을 올렸다.

언니들은 열정적이고 성실하게 자신이 맡은 일을 해냈다. 폭우가 쏟아지던 여름날, 월세 십만 원짜리 단칸방에 살고 있던 언니는 집이 걱정된다며 하던 일을 멈추고 황급히 집으로 갔다. 방과 부엌이 물로 넘쳐나고 있었는데도 침착하게 정리하고 아무 일도 없었다는 듯이 웃는 얼굴로 돌아와 그날 자신이 맡은 일을 했다.

언니들은 "출근 시간에 늦지 않으려고 버스를 잡으러 뛰기도 했다. 돈이 없어서 힘들긴 하지만, 그래도 행복하다", "업소에서 일할 때 꿈이 다른 직장에 다녀보는 것이었다. 지금 이렇게 다니고 있으니 내 생애 이런 일은 처음이다"라며 함박웃음을 지었다.

조금씩 세상과 연결되다

언니들의 토피어리 실력이 한창 무르익어 갈 때쯤 토피어리 바자회를 했다. 그런데 하루 50만 원이라는 예상하지 못한 수익을 올렸다. 이에 자신감을 얻은 언니들은 토피어리 제작과 판매를 직업으로 삼기로 결심했다. 열심히 만들면 잘 팔릴 거라 생각했다. 5월은 어버이날과 어린이날 등이 있어 하루 매상 50만 원이 가능했다. 하지만 그 이후로는 5만 원을 넘기기 어려웠다. 언니들은 시간이 지나면서 하루 2만 원도 벌기 어렵다는 사실을 깨달았다.

이건 아니다 싶어 "언니 왜 토피어리 만들었어요? 이거 만들면 좋아요?"라고 물었다. 언니들을 설득해 업종을 바꿔보려는 시도였다. 그런데 "이거 물 주고 파랗게 이끼가 끼면 얼마나 이쁜데. 식물도 새순이 올라오는 거 보면 얼마나 신기하다고. 하루에도 몇 번씩 쳐다보는데, 이렇게 이끼를 감고 있으면 아무 걱정이 없어져. 마음이 편안해져"라고 하는 것 아닌가. 언니들에겐 토피어리를 그만두고 싶은 마음이 전혀 없었다. 설득하려고 했다가 오히려 설득당했다. 하는 수 없이 기술력 향상을 위해 계속 강사를 초빙했고, 다른 관련 업종에 관심을 가지도록 끊임없이 유도했다.

언니들과 함께 시장 조사를 하고 도매시장을 뚫기 위한 피나는 노력을 이어갔다. 다행히 거래가 성사되었고, "이제 살았구나" 하고 잠시 안도했다. 그러나 도매시장은 가혹했다. 가격을 가차 없이 후려쳤고 이윤을 남길 수 없는 상황이 되었다. 대량주문에 신이 났던 언니들은 얼마 안 있어 그토록 사랑하고 아꼈던 토피어리를 집어던지며 욕하고 고함지르기 시작했다. 그리고 며칠을 서로 얼굴만 보면 싸웠다. 토피어리에 대한 사랑의 감정이 지나쳐 집착과 분노로 나타났던 것이다. 상황이 심각해지자 '욕 삼진 아웃제'까지 도입했다. 세 번 이상 욕하면 자활센터에서 나가야 된다는 것이었지만 이것도 지켜지지 않았다. 기대한 만큼 상심과 원망이 컸으리라.

그러던 어느 날, 대형할인마트 입점업체와 거래가 성사되었다. 우리는 입점 기념으로 체험강좌도 했다. 일주일간 30만 원을 벌었는데, 입점업체가 부도가 나서 문을 닫고 사장은 종적을 감추었다. 입점업체 부도로 큰 좌절을 경험했지만, 덕분에 얻게 된 희망이 있었다. 체험강좌의 경험이었다. 토피어리를 만들려고 줄을 서서 기다리던 아이들을 정성껏 가르치면서 얻게 된 언니들의 자신감과 보람이었다. 토피어리 작업은 매우 힘든 노동이었지만 언니들은 포기하지 않았다. 오히려 기술력 향상을 통해 대형 토피어리까지 만드는 전문가로 성장했다.

토피어리를 통한 사회와의 소통은 언니들의 내면을 살찌우는 원동력이 되었다. 그러나 토피어리는 한계가 분명한 사업이었다. 생필품이 아니었기에 시장이 크지 않았다. 노동부의 사회적 일자리 사업 종료와 함께 토피어리 사업도 중단되었다. 언니들과 몇 번에 걸친 치열한 분석과 토론 끝에 시장성이 없다고 결론내고 아쉽게 돌아서야 했다. 그 이후로 천연비누 제작 등 핸드메이드의 완성도가 높아지면서 '상품'을 제작하기 시작하였다. 언니들이 만드는 작품을 전시만 하기에는 상품이 너무 상품(上品)이었다. 2010년, ○○라는 상호로 가게를 열었다. ○○는 자활센터에서 제작되는 물품의 판매와 수익을 담당하는 곳이며, 언니들이 세상과 소통하는 창구가 되었다.

언니들, 선생님이 되다

언니들은 의사소통, 여성주의, 심리치유, 리더십 등의 분야를 공부했다. 다양한 분야의 공부를 통해 차곡차곡 쌓아왔던 지식을 바탕으로 저소득층 방과 후 교실, 주민 센터, 복지관, 요양원, 노인복지시설, 결혼이민자, 청소년 지원센터 등에서 토피어리 강의를 시작했다.

강의 첫날, 언니들 중 한 명이 파운데이션 범벅이 된 얼굴에 진한 붉은색 립스틱을 바르고 나타났다. 이른바 '업소 화장'을 용감하게 하고 나타난 것이다. 특히 입술이 눈에 확 띄었다. 순간 당황한 우리는 말을 잇지 못하면서 언니가 상처 받을까 봐 "언니 입술이 쫌" 했더니, 언니는 "그래 좀 그렇지?" 하면서 순순히 연한 립스틱으로 바꾸었다. 이날 이후에도 몇 번 이런 일이 반복되었다. '이대로는 곤란하다'는 판단하에 메이크업을 비롯하여, 의상, 헤어스타일 등의 강의를 들었다. 그러면서 언니들의 화장과 옷차림을 바꾸어 나갔다.

강의를 하면서 자신감을 키워갔지만, 나갈 때마다 긴장하는 것은 어쩔 수 없었다. "남 앞에 서서 말한다는 게 많이 떨려, 그래서 청심환을 먹고 강의를 몇 번 했잖아. 약을 먹고 강의를 했다니까. 진정이 안 되고 너무 떨리더라고. 하고 나면 수월하다는 생각은 드는데"라고 했다. "힘들지만 끝나면 뿌듯해, 강의를 한다는 게 참 부담스러웠어. 그런데 자꾸 하게 되더라구. 우리가 어디 가서 선생님이란 소리를 듣겠어. 할머니, 할아버지들이 '선생님 좀 해 주세요', 아이들이 '선생님 이거 할 줄 몰라요, 가르쳐 주세요.' 할 때 '내가 여기서 배워가지고 남을 가르쳐 준다는 이게 보람이구나' 하는 생각이 들어" 하며 뿌듯해했다.

이렇듯 열심히 하는 언니도 있었지만 강의가 무서워 '잠수' 타는 언니도 있었다. 잠수 탄 언니는 연락도 안 되고 집에 찾아가도 없었다. 강의를 대신하게 된 언니는 불평과 불만을 늘어놓고 마지못해 강의를 나갔다. 우린 언니를 위로하느라 정신이 없었다.

강의하는 곳의 대부분은 지역아동센터나 여성폭력 피해자 지원 시설이었다. 언니들은 아이들을 만나기 전부터 선입견을 가지고 있었다. "내가 먼저 선입견을 가지고 아이들을 바라보았지. 다른 사람들도 성매매 여성이라는 선입견을 가지고 나를 바라보는데, 나도 그런 선입견을 가지고 있었다는 생각에 '나도 별반 다르지 않구나'라는 생각을 했어. 아이들을 보면 어려운 환경에서도 밝게 자라고 있는데 괜히 선입견을 가질 필요가 없더라구. 저 아이들을 만날 기회가 생기거나, 아니면 비슷한 피해를 가진 아이들을 만난다면, 내가 먼저 마음을 열어야지, 아이들뿐만 아니라 나도 마음의 치유가 돼" 하며 자신의 과거를 회상하면서 상처를 치유하고 있었다.

언니들은 강의 중 만났던 청소년들을 자신의 일터로 데려오기도 하고 밥도 사 주었다. 그리고는 "쟤들을 보면 나의 10대가 생각난다, 조금 더 신경 써 주고 잘해주고 싶다"라고 했다.

2부

완월동과 마주하다

완월동. 누군가에겐 삶의 공간, 누군가에겐 사는(買) 공간

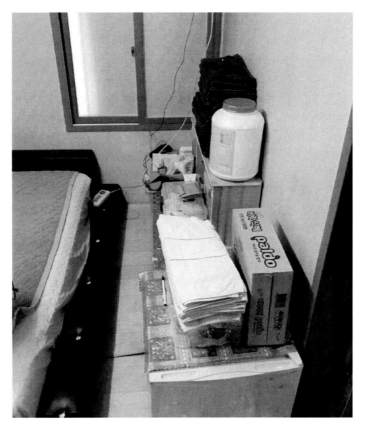

건물 내부를
개조한 업소는
사람 한 명이
다니기도 힘들다

한반도 최초의 유곽, 동양 최대의 성매매 집결지

　　늦은 밤, 부산 최초의 신작로라는 송도윗길(천마로)을 따라 올라가다 오른쪽을 보면, 주택가와 상점들 사이 골목마다 분홍색 불빛들이 보인다. 그 거리는 꽤 길게 이어져 있다. 이곳이 부산광역시 서구 초장동·충무동 일대의 성매매 집결지 완월동이다. 완월동은 현재 지명에는 존재하지 않는 이름으로 언제, 어디서부터 비롯되었는지 알 수 없다.

　과거 이 지역은 남부민동·토성동 일대를 포함하여 '샛디' 또는 '샛터'라고 불리던 곳으로 갈대와 억새풀이 무성한 들판이었다. 조선시대 후기에는 나라에서 목마장을 차려 말을 기르기도 했다. 1902년, 일본은 오늘날 광복동·신창동 지역인 부산 부평정·일정목 일대에 아미산하 유곽을 설치했는데, 장소가 좁다는 이유로 이곳으로 유곽을 옮겨와 '미도리마치(綠町, 녹정)'라 불렀다. 예전에 이 지역이 푸른 들판이었다는 데서 유래한 이름이다.

　완월동은 한반도 최초의 성매매 집결지였고, 일제침략 시기에 우후죽순으로 생겨난 유곽들 가운데서도 전국적인 규모를 자랑했다. 일본인들이 만든 곳으로 해방 이후 조선인들에게 소유권이 넘어갔다. 당시 한반도에 주둔한 미군은 공창(국가의 허가하에 합법적으로 행해졌던 성매매 행위. 일제시대인 1904년 공창제 실시) 폐지에 있어 미온적인 태도를 보였으며, 이 기간 동안 성매매 영업은 왕성하게 일어났다. 이후 1948년 공창 폐지령에 따라 공창은 폐지되었지만 성매매업소가 남아 있던 이곳은 자연스럽게 사창(국가의 허가 없이 비밀리에 이루어지는 성매매 행위)으로 전환됐다. 한국전쟁을 거치면서 이곳을 드나들던 미군들이 일본인들이 사용했던 지명인 '미도리마치'를 영어식 표현으로 그린 스트리트(green street)라고 부르기도 했다.

1970년대 완월동 관련 자료를 보면 완월동에는 124개 업소에 1,250여 명의 여성들이 성병 진료를 받고 있었고 그 외 600여 명의 여성들이 미등록 상태로 성매매를 하고 있었다. 큰 곳은 한 업소에 35명, 작은 곳에는 2명 정도의 여성들이 있었다. 방마다 에어컨, 냉장고, 전축, 수세식 화장실 겸 목욕탕, 서양식 침대 등이 있었던 것으로 보아 외국인 관광객을 주로 상대했던 곳임을 짐작할 수 있다. 당시 여성들의 생활은 지금과 크게 다를 바가 없었다. 오전 중에는 성병 정기 검진을 받고 오후 3시부터 화장을 하고 4시가 넘으면 어떠한 여자라도 각 업소의 정문으로 들어오지 못하게 하는 금기가 있었다고 한다. 또, 추석에 자의 혹은 타의로 고향을 방문 못 하는 이들이 밴드를 초청하여 춤추는 모습은 마치 혼가의 무도회를 연상케 할 정도였다고 한다.

『한국의 발견-부산』 서구편에는 이렇게 나와 있다.

1980년대를 전후로 완월동은 '한반도 최초의 유곽'에서 '동양 최대의 사창가'로 크게 번성하는데 이렇게 커질 수 있었던 것은 다른 사창가와 달리 이곳이 '외빈 접대용' 사창가의 성격을 띠었기 때문이다. 이를테면 미군 항공모함인 미드웨이호가 입항할 때에 쏟아져 나오는 미군들과 '단체 관광 여행' 따위로 이 땅을 밟는 일본인들이다. 아무튼 완월동은 엔화와 달러를 벌어들인다는 구실로 우리나라에서는 거의 유일하게 관청의 묵인을 받고 있을 뿐만 아니라 실제로는 관청의 '보호'를 받고 있는 '사창가'라 할 수 있었다.

　　(…) 그렇다고 해서 이곳에서 일하는 여자들이 돈을 잘 벌리라고 생각하는 것은 잘못이다. 사창가 여자들이 흔히 그렇듯이 나이가 보통 열일곱 살부터 서른두세 살까지인 이곳의 여자들은 돈을 모으지 못한다. 이들이 받는 '화대'는 그 집의 시설이 얼마나 깨끗하고 잘되어 있는가에 따라 조금씩 차이가 있지만, 대체로 손님이 하룻밤 자고 갈 때에는 이만 원에서 삼만 원까지, 잠깐 들렀다 갈 때는 만 원을 받는다. 그래서 한 달에 버는 돈은 대체로 이십오만 원에서 백만 원 가까이 된다. 여기에서 방세로 십이만 원에서 이십만 원까지, 밥값으로 사만 원에서 구만 원까지, 청소비로 만오천 원 정도가 떼이고, 거기다 안내원의 수고비라는 것으로 수입의 일 할쯤이 빠지면 보통 사십만 원에 가까운 돈이 사라진다. 그러다 보면 서너 해를 일해도 백만 원 남짓한 돈을 모으기도 힘들 뿐만 아니라, 잘못하면 오히려 빚만 걸머지기도 한다.

홍성철의 『유곽의 역사』에서는 다음과 같이 완월동이 언급되어 있다.

"완월동 업주들이 지역 유지로서 명성이 자자했는데 1970~1980년대 이 일대 여관 소유주들은 '돈을 갈퀴로 긁어 모았다'는 말을 들었다. 여관 소유주들은 하나둘씩 건물 증축에 나섰고 그러면서 이 일대에는 5~7층 건물이 우후죽순 들어섰다. 1976년 6월 국제신문 기사에 따르면 완월동에 대규모로 여관촌이 형성되기 시작한 것은 1976년쯤으로 보인다. 3년 뒤인 1979년 31채의 건물이 구청 허락 없이 지어졌으며 20채는 아예 건축허가조차 받지 못했다."

1990년 중반 윤락행위 등 방지법이 개정되고 성구매자도 처벌하는 조항이 신설되면서 성매매 여성들의 숫자가 일시적으로 줄기는 했지만 여성들의 처지는 별로 나아질 바가 없었다. 신문 기사에는 간간이 인신매매로 납치되어 완월동에 부녀자를 팔아넘긴 일당들의 검거 사건이 보도되었다.

2000년대는 80여 개 업소에 900여 명의 여성들이 있었다. 건물을 대부분 증축하여 4층 이상의 건물에 엘리베이터가 있는 업소가 있었고 방이 많은 곳은 30개가량 되었으며, 방마다 화장실이 딸려 있는 원룸식이었다. 선불금 빚이 천만 원 이상 되는 여성들이 각지에서 팔려왔는데, 대부분 이십 대 여성들이었다. 성매매 알선은 업주가 직접 하지 않고 '나까이 이모(성구매자를 낚아 온다는 뜻, 일명 현관이모)'라는 호객 전담 여성들을 고용했는데 주로 사오십 대였다. 송도윗길 도롯가의 간판 없는 몇몇 업소에는 고령의(육칠십 대) 여성들이 선불금 없이 '생계형'으로 성매매를 하고 있었다. 더불어, '충초친목회'라는 업주들의 조합이 활동하기도 했다.

살림의 자료에 의하면 2007년경까지는 ○○장 같은 업소명이 있었으나 업주들이 경찰의 단속을 두려워해서인지 간판을 모두 가려 업소명을 알 수 없도록 했다고 한다. 2019년 기준, 업소의 수는 약 42개로 대부분 무허가이며, 5~6층의 엘리베이터가 설치된 형태로 구청에 여관 및 주택으로 신고되어 있다. 건물 1층에는 유리방이 있고 성구매자가 오면 주로 현관이모가 안내자 역할을 한다. 업주와 건물주가 같거나 업주가 여러 채의 건물을 빌려 여성들을 관리하면서 임대료 형식으로 건물주에게 월세를 주고 있는 곳도 있다. 규모가 큰 업소의 여성 수는 8~12명이며, 업소당 평균 3~4명, 전체 여성 수는 200~240명 정도로 파악된다. 한 업소당 한 달에 최소 천만 원 이상의 수익을 올리고 있으며, 여성들이 많은 경우 그보다 훨씬 높은 수익을 올리고 있는 것으로 추정된다. 일부 업소는 쉬는 날에도 여성들 전체에 빽비(결근비) 또는 올비(성구매자가 여성과 하루 종일 같이 있는 조건으로 주는 성구매 비용)로 올려 70만 원에서 150만 원을 받아내고 있다.

충초회에 가입되어 있는 업소는 방세 70~100만 원을 업주에게 지불하고 5:5 반땅제로 운영된다. 충초회에 가입되어 있지 않은 업소는 하숙제로 운영하여 여성들이 한 달에 적게는 150만 원부터 많게는 250만 원까지 방값을 내고, 성구매자로부터 구매 비용을 직접 받는 형태로 운영되고 있다. 그러나 고령의 여성들이 주로 기거하고 있는 업소의 경우 구매자들이 그렇게 많이 몰리지는 않아 여성들의 수입이 적은데, 방값을 계속 내야 하는 상황이 발생하고 있다. 여성들의 연령대는 20~30대가 전체의 60~70%, 40~50대가 20~30%, 60대 이상이 5~10%로 추산된다.

새빨간 불빛과 웨딩드레스

완월(玩月)동의 '완(玩)'은 희롱하다, 가지고 놀다, '월(月)'은 여성을 상징하는 은유적인 표현으로 '여성을 가지고 논다'라는 뜻이다. 낮에는 조용하고 인기척이 드물어 사람을 찾아보기 힘들고 밤이면 불야성을 이루는 곳이다. 성구매자, 업소 관계자, 소수의 주변 상인과 공권력을 집행하는 사람들 외에는 접근하기 힘든 곳이다. 또한 외부와 단절된 외로운 성, 은폐된 공간이며, 침묵을 강요하는 불의가 판치고, 부당한 권력과 부정의가 곳곳에 녹아들어 있는 곳이다. 한낮에 동네를 걸으면 해가 진 후의 공동묘지처럼 스산함과 을씨년스러움, 음산함이 스멀스멀 밀려오는 곳이기도 하다.

주변 지인들뿐만 아니라 여러 경로를 통해 접하게 된 완월동에 대한 정보는 나에게 막연한 두려움을 주었다. 그러던 중 2001년 완월동 업소에서 불이 나 여러 명의 여성들이 죽는 일이 벌어졌다. 신문 기사는 '숨진 사람들은 복도와 방의 창문을 통해 탈출을 시도하려 했으나 유일한 비상 통로인 중앙 계단 및 복도의 폭이 1.2m 정도에 불과하고, 비좁은 데다가 33개의 객실과 복도에

난 창문마저 평소 여성들의 도주를 막기 위해 알루미늄으로 된 창살이 설치되어 있어서 비상 탈출구 역할을 전혀 하지 못했다' 라고 했다. 탈출구 없이 감금 상태로 화재에 속수무책일 수밖에 없었던 여성들의 상황이 언론을 통해 드러나면서 나는 분노했다. 지역 여성 단체들은 불길 속에서 살아남은 여성들을 만났다. 여성들은 업소에서 당했던 부당한 착취를 알리는 기자회견을 했다. 여성 단체는 완월동을 찾아 시위를 벌였다. 대낮인데도 서로의 발자국 소리가 들릴 정도로 조용하고 긴 침묵이 동네 전체를 감싸고 있었다. 마치 아무도 살지 않는, 모두가 떠나 버린 동토의 땅 같았다.

우리들은 동네를 돌면서, "여성들의 권리를 보장하라", "감금하지 마라", "업주를 구속하라" 하는 구호를 외쳤고, 그 소리는 건물 사이사이에 퍼져 메아리가 되어 돌아왔다. 아무도 들어주지 않고, 듣기 싫어하는 꽉 막힌 성벽 앞에서 우리는 거대한 힘과 편견을 마주하고 있었다.

완월동에 다녀온 후 나는 악몽에 계속 시달렸다. 잊으려고 하면 할수록 더 강렬하게 다가왔다. 그러던 중 2002년 성매매집결지인 군산 개복동 화재 사건이 일어났다. 화재 현장에서 여성들이 쓴 손편지가 발견되었고 그 내용이 언론을 통해 연일 보도되었다. 성매매업소에서 자행되었던 여성들의 인권유린이 이슈가 되었다. 이런 상황이 계속되자 경찰과 공무원들은 집결지 여성들이 업소에서 당하는 인권유린의 실태(여성들이 기거하는 숙소 출입문의 자물쇠 위치, 방마다 창문이 설치되어 있고 화재 시 비상대피로가 확보

되어 있는지, 외출이 자유로운지, 인신매매된 사람은 없는지, 폭력, 학대, 금전갈취는 없었는지 등)를 파악해야 했다. 나는 그들과 함께 여성들의 인권유린 실태를 파악하기 위해 완월동에 가게 되었다.

입구에 완월동 업주협회(충초회) 총무가 나와 있었고, 우리는 총무의 안내에 따라 동네를 둘러보았다. 고요한 침묵만이 가득했던 낮과는 다르게 밤에는 80여 개의 업소들이 휘황찬란하게 불을 밝히고 있었다.

1층 미스방은 정육점처럼 새빨간 불빛이 밝혀 있고 바비인형을 연상시키는 웨딩드레스를 입은 여성들을 전시해 놓은 업소들이 줄지어 있었다. 호객행위를 하는 현관이모들, 업소를 관리하는 삼촌들, 그들을 감시하는 동네 구석구석의 보이지 않는 시선들, 성구매자들이 저마다의 목적을 향해 움직이고 있었다.

밤에 본 그곳은 충격적이었다. 짧은 시간의 경험은 지워지지 않는 마음의 상처가 되었다. 처음 갔던 완월동의 강렬한 인상은 지금도 나에게 각인되어 불현듯 분노가 치밀어 오른다. 또한 유사한 장면을 보거나 무의식적 상황에서 불쑥 튀어나와 감정을 자극하기도 한다.

해어화 언니들의 기습 방문

　　2004년 9월 23일 성매매 특별법 시행을 기점으로
정부, 언론, 경찰은 법을 홍보하거나, 선정적인 보도, 단속 등을
하느라 여념이 없었다. 특히 성매매 집결지에 대한 경찰의 강도
높은 단속은 집결지를 암흑천지로 만들었다. 밤이면 사람들로
문전성시를 이뤘던 완월동은 어느 사이 칠흑 같은 어둠과 적막
감이 감도는 곳으로 변해 있었다. 수입이 없어진 여성들은 전기
장판과 라면에 의지해 겨울을 나는 상황이 한 달 넘게 이어지고
있었다. 생존권을 위협받고 있다고 생각한 언니들은 자발적으로
'해어화'('말을 알아듣는 꽃'이란 뜻으로 옛날부터 기생을 가리키는 말. 완
월동 여성들의 자치 조직)라는 모임을 만들었다. 완월동에 있는 언
니들이 모여 거수로 투표를 해 고문, 회장, 부회장, 총무 등의 임
원을 선출했다. 그리고 부산의 충무동 로터리, 서울 광화문 광장,
국회 앞에서 전국의 성매매 여성들과 함께 생존권을 요구하는
집회를 이어갔다.

　　언니들은 서울 집회와 동시에 업주, 상인, 현관이모 등 업소 관
계자들과 함께 생존권을 주장하며 충무동 로터리를 점거하고 시

위를 벌였다. 시위는 2주 넘게 이어졌고 우리는 상황을 예의주시했다. 어느 날 그들이 집회를 마치고 '살림' 쪽으로 행진해 올 것이라는 소문이 돌았고 일순간 우리는 불안감에 휩싸인 채로 마음을 졸였다.

다행히 시위대는 오지 않았다. 하지만 해어화 임원들이 비장한 모습으로 살림의 문을 열었다. "여기 책임자 누구냐, 우리 완월동에서 왔는데 좀 보자"라고 했다. 해어화 고문 김○○, 회장 박○○, 감사 김○○에 이름이 생각나지 않는 감사 한 명까지 총 네 명이 분기탱천해서 들어왔다. 한 평 남짓한 상담실에 나와 언니들이 마주 앉았다.

어디서부터 어떻게 무슨 말을 해야 할지 막막하기만 했다. 무거운 침묵도 잠시, 각자 할 말이 많은 듯 나를 향해 한꺼번에 큰소리로 고함지르고, 윽박지르며, 위협과 협박을 했다. 한참 동안 고성이 이어졌고 나는 그들을 쳐다보며 묵묵히 앉아 있을 수밖에 없었다. 언니들의 그런 행동이 나에게는 생존을 위한 절규로 다가왔다. "너희들이 우리를 다 죽이려고 한다", "완월동 나오면 우리가 갈 곳이 있냐? 부산에 우리를 수용할 수 있는 시설이 두세 개밖에 안 되는 것으로 알고 있다. 시설에 몇십 명밖에 못 들어간다. 저 동네 아가씨가 300명 넘는데 다 나오면 보낼 곳도 없다. 대책 없이 왜 이러는지 모르겠다", "같이 죽자", "우리 죽이려고 환장했나", "네가 내 먹여 살려 줄끼가", "나 여기서 죽을란다" 등등 그야말로 난장판이 따로 없었다. 한참 고성을 지르던 언니들의 목소리는 시간이 흐르면서 잦아들었고 마침내 조용해졌다. 그리고는 "고함쳐서 미안하다, 사는 게 힘들어서 그랬다"라고 했다.

유하면서 강단 있어 보이는 언니가 자신들은 완월동 여성들의 자치 조직인 해어화에서 활동하며, 동네 여성들의 투표를 통해 선출된 임원진이라고 했다. 정신을 차린 우리들은 앞으로 어떻게 할지 서로의 생각을 이야기했다. 그들의 요구에 답할 수 없어서 답답하기만 했다. 그들의 생계를 책임질 수도 없고, 막상 300명이 들어갈 시설도 없었다. 내가 할 수 있는 대답이라고는 "정부에 건의해 보겠다. 우리도 힘이 없다. 우리가 할 수 있는 건 별로 없다. 언니들을 보니 마음 아프다. 하지만 믿고 함께하겠다" 정도였다.

몇 시간을 이렇게 정체된 상태에서 대화는 평행선을 그리고 있었다. 시간이 지날수록 애꿎은 담배연기와 꽁초만이 쌓여갔다. 뿌옇게 상담실을 가득 메운 담배연기처럼 우리의 대화는 허공을 떠돌고 있었다. 잡으려고 해도 잡히지 않는, 보려고 해도 보이지 않는 그 무엇이 그곳을 가득 채웠다. 가득 메운 담배연기만큼 신뢰가 쌓여갔다. 몇 시간 동안 대화를 나누었던 그날 이후 우리는 급격히 가까워졌다.

살림을 방문한 지 얼마 지나지 않아 해어화 언니들은 여의도 국회의사당 앞에서 시위를 주도하면서 전국적인 인물로 부상했다. 그들은 자신들을 성매매 여성이라는 호칭 대신 '집결지 여성'으로 불러 달라고 했다. 성매매 여성은 감정적으로 싫다면서, 자신들은 자유의사에 의해 '탈성매매'를 했고, '탈성매매 의사결정권의 주체는 누구도 아닌 집결지 여성 자신이어야 한다'라고 선언했다.

완월동 언니들은 인천의 집결지 여성 모임인 '상조회'와 함께 한국여성단체연합을 찾아갔다. 한국여성단체연합과의 길고 지리한 협상 끝에, 2004년 10월 27일 서울YWCA 강당에서 집결지 여성들의 인권보호를 위한 기자회견을 열었다. 그들은 기자들의 질문에 논리적이고 자신감 있게 답했다. 하지만 사회적인 낙인과 편견으로 인해 사람들에게 얼굴이 알려질 것을 두려워한 그들은 다른 사람들이 알아볼 수 없도록 얼굴에 마스크를 쓰고 있었다. 얼굴을 가린 마스크는 우리사회에서 성매매 여성들이 처한 인권의 현주소를 보여주는 것 같았다.

언니들의 제안

기자회견을 마친 언니들은 업주들에게 언니들의 채무를 모두 무효로 한다는 선불금 포기 각서와 자신들의 권리를 주장하는 내용을 담은 건의서를 가지고 왔다. 건의서 내용에는 언니들의 분노와 바람이 담겨 있었다. 경찰의 단속으로 인해 내는 벌금과, 권력기관에 업소를 유지하기 위한 로비자금으로 쓰이는 돈은 자신들이 번 돈이니, 그 돈을 '성노동자'들의 복지와 탈성매매를 위한 자활사업에 써야 한다고 했다. 그러면서 '탈성매매'를 위한 자립적 의미의 전업의지를 향상시키고 바람직한 사회인으로의 복귀를 지원하기 위한 방안으로 '집결지 내 성노동자'를 위한 복지시설 마련을 제안했다.

업주들이 선불금을 포기한다는 각서에 서명했기 때문에 언니들의 선불금은 상징적으로 무효화 되었다. 그러나 '집결지 내 성노동자'를 위한 복시시설을 만드는 데는 정부, 지자체, 현장 단체, 집결지 여성들과 업주들을 비롯한 성산업 관계자들 간의 이해관계가 얽혀 있었다.

정부와 지자체는 불법적인 행위를 하는 곳에 정부예산을 지원하는 것에 대한 부담감이 있었다. 현장 단체는 호랑이 굴 속으로 들어가야 하는 껄끄러움은 있지만 동네 건물을 무상으로 사용할 수 있고 재정적인 후원을 받을 수 있었다. 언니들은 복지센터가 업소에서 가까워 상담이나 직업훈련을 받기 수월했다.

그러나 업주들의 속셈은 '우리가 통 크게 건물을 주고 재정적인 지원을 하겠다. 너희(성매매 여성)들은 업소에서 밤부터 다음 날 아침까지 일하고 낮에는 상담을 받든 직업훈련을 받든 마음대로 하라'는 것이었다. 살림이 완월동으로 들어오면 성매매를 해도 경찰이 단속하지 않을 것이다. 그러면 안정적으로 성매매업도 하고, 불법적인 행위를 한다는 사회적 지탄으로부터 자유로울 수 있다. 또한 살림의 일거수일투족을 감시할 수 있으니 기가 막힌 한 수였다.

그러나 몇몇 언니들이 "동네로 들어오면 업주 눈치 보여서 상담소에 못 온다", "여러 업소에서 우리를 감시할 거다"라며 반발했다. 우리도 업주들의 건물을 사용하고 재정적인 지원을 받는 것이 이해관계자에게 뇌물을 받는 것이나 다름없다고 생각해서 이 제안을 받아들일 수 없었다. 살림이 동네 밖에 있어야 언니들이 바깥바람도 쐬고, 업주 눈치를 덜 볼 것 같았다. 물론 언니들이 외출할 때 업소 관계자들의 감시하는 눈길이나 긴장감을 피할 수는 없겠지만….

집결지 내 '성노동자 복지센터'를 제안한 이후에도 경찰들의 강력한 단속은 이어졌고 언니들을 비롯한 업소 관계자들의 시위도 계속되었다. 또한 업소의 불이 꺼졌다, 켜졌다를 반복하는 상

황이 이어지면서 긴장의 끈을 늦추지 못한 우리는 완월동에서
밤을 새우는 일이 비일비재했다.

경찰 앞에 함께 선 우리

      성매매 특별법 시행 이후 완월동을 향한 경찰의 단속은 계속되었다. 우리는 하루하루 터지는 사건의 연속으로 정신없이 바쁜 나날들을 보내고 있었다. "경찰 병력이 동네의 모든 입구를 막고 있어서 자유롭게 다닐 수 없을 뿐만 아니라, 동네 바깥으로 나갈 수도 없다"라는 언니의 전화를 받았다. "지금 경찰의 단속에 항의한 지 1시간 30분 정도 지났는데, 경찰들이 그 자리에서 꿈쩍도 안 하고 있다. 오늘 경찰이 동네를 떠나지 않으면 길바닥에서 노숙하겠다"라고 했다.

  긴급하게 현장으로 갔다. 동네 가장자리를 막고 있는 경찰차를 비롯하여 충무동 교회 쪽과 완월동으로 들어가는 몇몇 입구에 경찰차와 경찰들이 있었다. ○○장 입구를 비롯하여 충무동 교회 쪽 등에 60여 명가량의 언니들이 흥분한 상태로 앉아 있었다. 업소 불이 모두 켜져 있었다. 조금 뒤, 술 취한 남자가 ○○장 입구에서 언니들을 향해 욕을 하며 행패를 부렸다. 경찰은 쳐다보고 있을 뿐 아무런 조처도 취하지 않았다.

  나는 경찰에게 "완월동 언니들을 감시할 것이 아니라, 저런 치

한부터 조처를 해 달라" 했다. 그러나 경찰은 지나가는 사람까지 어떻게 할 수 없다고 했다. 그래서 약간 흥분하여 큰 목소리로 "어떻게 지나가는 사람이라고 가만 놔두느냐? 욕까지 하고 있는데, 빨리 조처를 취해 달라" 하며 거세게 항의했더니 취객을 격리시켜 주었다. 또한 "경찰과 경찰차도 보이지 않는 곳으로 이동해 달라. 사람이 다닐 수 없다. 동네 전체가 창살 없는 거대한 감옥 같다, 왜 경찰차로 감금하느냐? 이 동네에 있는 사람이 모두가 범죄자냐"라고 계속 항의했더니 경찰 차량을 보이지 않는 곳으로 이동시켰다.

경찰과 한참 실랑이를 벌이고 사태가 진정되어 갈 때 즈음 언니들을 관리하는 삼촌이라는 사람이 내 가방을 보고 '명품 가방'이라며 비아냥거렸다. 그러면서 다른 사람들을 도우려는 사람이 비싼 가방을 들고 다닐 수 있느냐고 소리를 높였다. 그때 모든 사람들이 순간적으로 나를 쳐다보았다. 나는 무안함과 함께 시선을 어디에 두어야 할지 잠시 망설이다가 바로 대응했다. 그가 지목한 가방을 들고 "이 가방 만 원짜리입니다, 한번 보세요, 여기 그런 상표가 어디 있어요." 그리고 몇 년 동안 들고 다녀서 곳곳에 구멍이 난 것을 보여주었다. 그랬더니 태연하게 말을 바꾸며 "단체장이 품위 유지를 해야지 어디 만 원짜리 가방을 들고 다니냐"라고 천연덕스럽게 말을 바꾸었다. 사실 그때까지 나는 명품이 뭔지 어떤 상표가 있는지 아무것도 몰랐고 명품 매장에 가본 적도 없었다.

경찰과 언니들의 대치 상황이 이어질수록, 바람이 매섭게 불면서 기온이 떨어지고, 칼바람이 살을 에기 시작했다. 시간이 얼마나 흘렀을까? 정보과 형사가 "돌아가지 않으면 불법으로 잡아넣겠다. 빨리 흩어져라, 집시법에 따라 처리하겠다. 야간에 이렇게 많은 사람이 모여 있으면 불법이다, 다 잡아 넣겠다"라고 엄포를 놓았다. 언니들이 더욱 흥분하기 시작했다. 경찰과 몸싸움을 벌일 태세로 앉은 자리에서 일어섰고 일촉즉발의 위기상황이 벌어졌다.

나는 형사에게 "왜 그런 자극적인 말을 하나? 집시법을 들먹인 것에 대해서 사과해라"라며 항의했다. 그는 "원론적인 이야기를 했을 뿐이다. 못 할 말을 한 것도 아니다. 해산해라"라고 강경하게 말했다. "지금 언니들이 폭발하기 일보 직전이니 좋게 말을 해서 설득을 하는 것이 낫지 않겠느냐? 강하게 나가면 서로 충돌할 수 있고 그러면 경찰에게도 좋을 것이 없다. 말을 할 때 조금만 신경 써서 해 달라" 부탁했다.

한바탕 소란 후 상황은 조금씩 진정의 기미가 보였다. 마음의 안정을 되찾은 언니들은 경찰들이 철수하지 않으면 자신들도 해산할 수 없다며 완월동으로 들어오는 충무동 교회 쪽 입구의 중간 골목에 주저앉았다. 업주와 주변 상인들이 담요를 나누어 주었다. 우리들은 이것을 덮고 앉았다. 해어화 총무는 "일을 하게 해 달라, 너희들이 해 준 것이 하나도 없다, 소장이 해 준 것이 뭐가 있느냐"라고 항의하며 목 놓아 울었다. "엄마가 아파서 병원비를 내야 하는데 막막하다, 한 달에 병원비가 삼백만 원 이상 들어간다, 저기 업소 옥상에서 같이 떨어져 죽자"라고 하더니 갑자기 내 손을 잡으며 "소장이랑 나랑 내일 아침에 서면로터리 가서 발가벗고 시위하자"라고 했다. 갑자기 당황한 나는 "언니 그래요. 같이 해요. 그런데 날씨가 추워서 얼어 죽을 것 같은데, 날씨가 따뜻해지면 하면 안 될까요?"를 아주 작은 목소리로 소심하게 말했다가 언니에게 무시무시한 말들로 융단폭격을 당했다.

일촉즉발의 상황이 진정되자 우리는 하늘을 보며 별 숫자 헤아리기, 별 이름 맞추기 등 이야기꽃을 피울 수 있었다. 업주와 상인들이 투쟁기금을 모았다며 김밥을 가지고 왔다. 몇 시간의 허기와 추위에 지친 나는 세상에 태어나서 그렇게 맛있는 김밥을 먹어 보기는 처음이었다. 김밥에 곁들인 따끈한 국물은 언 몸과 마음을 녹여 주었다. 거리에는 매서운 추위가 계속되었고, 골목에는 언니들과 활동가들, 경찰, 업소 관계자들, 상인들이 함께 어우러져 있었다. 업소 관계자 외에는 다른 존재를 찾아보기 힘든 거리, 우리가 알리지 않으면 이 자리에서 죽는다 하더라도 철저히 비밀에 붙여질 것만 같은 외면당한 거리에서 우리는 담요 하나로 추운 날씨와 마주하고 있었다.

시간이 아침을 향해 달려가고 있을 때쯤, 옆에 앉아 있던 언니가 "니들이 가면 저것들(경찰)이 달라져, 우리한테 욕도 하고 벌레 보듯이 해, 그냥 여기 앉아 있는 것만으로도 돼, 쟤들 갈 때까지만 있어줘"라고 했다. 아무 말 하지 않고 그냥 언니 옆에 앉아 있는 것만으로도 마음에 위로가 되고 든든했던 것이다.

얼마나 시간이 지났을까. 다시 경찰들에게 "물러가라", "못 살겠다", "안 물러가면 죽겠다" 하는 격렬한 항의가 이어졌다. 나는 경찰에게 "이만하면 됐으니, 최소한의 인원만 남겨두고 철수하면 안 되겠느냐? 여기 있는 사람들 다 얼어 죽겠다, 해산할 수 있도록 명분을 달라" 설득했다. 그리고 언니들에게도 "경찰과 대화를 하고 있으니, 내일 하루 정도 더 지켜보는 것이 어떻겠느냐, 아침까지 이렇게 있으면 모두 힘드니, 조금 더 지켜보자"라고 말했다. 경찰은 경찰대로 언니들은 언니들대로 회의를 하는지 분주히 움직였고, 경찰이 최소한의 인원만 남기고 철수하자 언니들도 각자 업소로 돌아갔다.

활동가들은 해어화 고문이 소속된 업소에 들어갔다. 잠시 후 라면과 약간의 간식이 나왔다. 라면이 몸속으로 들어오는 순간 추위에 얼었던 신체가 일제히 반응했다. 얼어붙은 강물이 녹아서 물고기들이 서서히 헤엄치기 시작하는 것처럼 몸이 움직이기 시작했다. 방 안의 따뜻한 온기는 뇌의 기능을 마비시켰고 오로지 본능에만 충실하게 만들었다. 잠이 쏟아지기 시작했다. 다른 사람들의 목소리가 귀에 들어오지 않았다. 라면을 먹고 있는 사람들의 틈바구니에서 잠깐 잠을 잤다. 업소를 나오면서 누군가가 그랬다. "저렇게 많은 업주들 사이에서 잠이 오느냐, 참 대단하다." 나는 말했다. "잠은 본능이다. 주위에 누가 있든 그게 무슨 상관이냐. 우린 본능에 충실해야 한다. 설마 그대들이 있는데 업주들이 나를 죽이겠냐" 하면서 한바탕 웃었다. 새벽을 느끼듯 어슴푸레한 빛이 동네에 스며들기 시작했다.

언니들의 곁을 지키다

완월동 입구에 들어서니 사람들의 욕설과 수군거림, 진하게 진동하는 술 냄새로 인해 동네가 어수선했다. 스무 명남짓한 여성들이 미스방에서 기다리고 있었다. 그곳에는 언니들뿐만 아니라 동네에서 몇 번 마주친 적 있는 현관이모, 상담소에와서 막가파식으로 윽박지르며 협박했던 업주도 있었다. 그들은 "특별법을 만들어 영업을 못하게 해서 죽겠다", "남자만 처벌한다면 손님이 오겠냐", "엄마가 아파서 병원에 있는데 병원비를 내가 줘야 한다. 지금 엄마가 다 죽어가고 있다", "여성단체 너희가 뭔데 우릴 죽이려고 하느냐", "성매매가 불법이라서 남자들이 진상짓하고 경찰에 신고하면 우리만 손해다" 등등 반감에 가득 찬분노, 항의와 억울함을 쏟아냈다. 이런 상태로 욕설과 협박, 고함이 섞인 그들의 일방적인 요구는 계속 이어졌고, 업소 밖에서도 업소 관계자들이 모여 우리를 향해 욕설과 함께 고성을 지르고있었다. 그들과 대화를 하면 할수록 서로 간에 좁혀지지 않는 차이를 확인했다.

밤이 깊어지고 있었고 대화는 끝날 것 같지 않았다. 대표성을 가진 사람들의 의견도 중요하지만, 언니들이 개별적으로 처한 상황이 어떤지도 알아야 했다. 해어화 임원들의 도움을 받아 몇 몇 업소를 방문했다. 업주는 1층부터 꼭대기 층까지 방을 하나 하나 보여주면서 "영업을 할 수 없어 보일러를 넣지 못해 방이 냉골이다. 이곳에 사는 여성들은 얼어 죽을 수도 있다. 아가씨들이 동네를 떠나고 있어서 나도 힘들다"라며 투덜거렸다.

언니들은 한결같이 "영업을 못하게 하면서 생계 대책을 세워주지 않는다. 우리는 피해 여성이 아니다, 성매매가 범죄면 우리가 범죄자냐, 우리는 범죄자가 아니다"라고 했다. 우리들의 대화는 평행선을 그리며 접점을 찾지 못했고, 겨울 추위는 맹위를 떨치고 있었다.

어느새 시간이 훌쩍 지나 자정을 넘기고 있었다. 평소 때면 대낮같이 훤한 불빛과 성구매자들로 시끌벅적할 시간이었으나 창문 틈 사이로 간간히 삐져나오는 불빛 외에는 앞을 보기 힘들 정도의 암흑만이 자리하고 있었다. 위선의 밤이 사라진 곳에 어둠과 침묵이 남아 있었다.

어느 날 "어제는 경찰이 네 명이었는데, 오늘은 두 배로 늘었다, 너희들이 그런 것 아니냐, 우리를 죽이려고 작정했냐"라면서 한 언니가 흥분하며 찾아왔다. 업소 앞에 업주들이 30~40여 명 있었고 언니들은 보이지 않았다. 업주들도 상당히 흥분한 상태였다. 업주들은 해어화 언니들을 향해 "너희들 뭐하냐? 우리도 죽겠다. 여성단체만 매일 만나지 말고 행동으로 보여라", "이 일이 제대로 해결 안 되면 가만히 안 놔둔다" 등의 소리를 지르거나 입에 담지 못할 욕을 하는 등 주변이 순식간에 시끄러워졌다. 언니들은 '업주의 분노를 달래기 위해 행동을 보여 주어야 할 시점인 것 같다'는 의미처럼 나에게 눈을 찡긋해 보였다. 그리고 나서 해어화 김 고문은 큰 소리로 거친 말을 하기 시작했다. "여성단체 못 믿겠다, 경찰들과 한통속이다, 이 동네에서 다 나가라, 안 나가면 가만히 있지 않겠다, 왜 여성단체가 들어온 다음 날이면 항상 경찰이 늘어나는가"를 큰 소리로 외쳤다.

우리들은 경찰과 언니들이 충돌하거나 언니들이 일방적으로 폭행을 당하는 돌발적인 상황이 생길 수도 있다고 생각하며 그 자리를 떠나지 않았다. 언니들은 "가지 마, 여기에 있어"라고 말하지 않았지만 눈빛으로 말하고 있었다. 우리는 그날 차가운 아스팔트 위에 새벽까지 서 있어야 했다. 언니들이 "경찰이 철수하지 않으면 우리들도 물러서지 않을 것이다"라면서 아스팔트 위에 드러누웠다. 겨울의 칼바람은 매서웠으며, 바닥에서 올라오는 냉기는 생선을 단 몇 분 만에 급냉동할 수 있을 정도였다. 언니들은 찢어진 청바지에 웃옷도 달랑 하나 입고 누웠다. 우리는 맞은편 도로 위에 서 있었다.

"경찰들 나가라", "우리는 여기서 죽겠다", "장사하게 해 달라"라며 언니들은 절규했다. 그럴 때마다 보이지 않는 무언의 총알들이 계속 날아가 그들의 몸에 차곡차곡 박히는 듯했다. 무언의 총알이 박힐 때마다 소리를 질렀다. 총알받이나 다름없었다. 시간이 흐르면서 주변엔 경찰과 우리 외에는 아무도 없었다. 하지만 보이지 않는 곳에서 업소 관계자들이 감시하고 있을 것이고 그 감시의 힘이 강해질수록 언니들의 목소리와 몸짓은 더 커졌다.

새벽 3시쯤 경찰들이 철수하고 언니들과 ○○관에 갔다. 동네에서 제일 잘나가는 업소였다. 그 업소의 업주가 동네 업주들에게 빌려준 돈만 해도 70억 원이 넘었고 몇 개 업소를 가압류하고 있는 상태였다. 업주는 침대 밑에서 시퍼런 도끼를 꺼냈다. 자기를 위협하거나 해코지하는 상황이 생기면 자신을 지키기 위해 준비해 놓았다고 했다. 시퍼런 날에 가슴이 섬뜩했다. 그 순간 활동가와 언니들은 잠시 얼음이 되었다.

업주와 경찰, 현장 단체 간의 빈번한 힘겨루기 속에 우리는 드디어 업소 안에서 개별적으로 언니들을 만나게 되었다. 그리고 미스방에서 언니들과 이야기도 나누고, 밥도 먹으며 서로 우정을 쌓아갔다.

백여 년 역사를 가진 완월동은 성매매 경험 당사자인 언니들, 업주, 현관이모, 상인, 주사이모 등 업소와 관계된 사람들과 공무원, 경찰, 성구매자를 제외하고 여성들이 출입할 수 없는 금녀의 영역이었다. 이런 곳에 우리는 누구의 간섭이나 방해 없이 자유롭게 드나들 수 있었고, 언니들은 업소 안에서 살아온 이야기를 활동가들에게 마음껏 할 수 있었다. 이곳은 잠시나마 활동가들과 언니들에게 해방구였다.

단속과 오해

완월동에서 익명의 구조요청 문자가 왔다.

'저희들을 도와주세요. 쉬지도 못하고 강제로 일해요. 더 밀고 심하게 단속해 주세요. 구출해 주세요. 이런 식으로 내버려 둔다면 아가씨들만 더 힘들어져요. 요번 기회에 확실히 해 주세요. 이곳에서 나가고 싶은데 빛 때문에 못 나가는 아가씨가 많아요. 지금 완월동은 홀복 입지 않고 사복 입고 밑에 내려와서 장사를 해요. 저희들은 이러지도 저러지도 못하고 있는 현실이에요. 그쪽 분들에게 도움을 청하고 싶고 말을 하고 싶어도 주위 눈치 때문에 말을 못하는 아가씨들이 많아요.'

익명의 제보였기 때문에 문자를 보낸 사람을 찾기 어려웠다. 경찰에 도움을 요청할까도 생각했지만 일만 더욱 복잡하게 만들 것 같아서 다음 연락을 기다리기로 했다. 그러던 찰나에 한 언니가 헐레벌떡 와서는 자신이 조금 전에 겪은 사건을 떨리는 목소리로 말했다.

완월동에 있는 ○○관으로 경찰이 단속을 나왔다. 언니는 몸살 기가 있어서 방에 심야 보일러를 틀어 놓았는데, 너무 뜨거워서 옷을 다 벗고 누워 있었다. 잠이 들려고 할 때쯤 갑자기 노크도 없이 문이 확 열렸고, 문 앞에 남자 세 명이 서 있었다. 급한 마음에 "누구냐"라며 소리를 질렀고 남자 두 명이 신발을 신은 채 방으로 들어왔다. 언니는 옷을 벗은 상태였고, 몸을 가릴 이불조차 없었다. 당황한 나머지 낯선 남자에게 "누구냐? 당장 나가라"라고 소리를 질렀지만 아무런 반응이 없고 대꾸도 하지 않았다. 남자 두 명은 방에 무단 침입 했고, 나머지 한 명은 방문 앞에 서 있었다. 방에 들어온 그들은 옷을 걸치지 않은 언니를 아래위로 훑어보았다. 그러더니 방 안 곳곳을 뒤지기 시작했다. 그들은 방을 뒤져 서랍에서 쓰지 않은 콘돔을 들고 나와 "손님과 잤냐? 손님 받은 거 맞지?" 했다. 어이가 없어서 멍하니 쳐다보고 있는데 현관이모가 올라왔다. 하지만 그들은 아랑곳하지 않고 화장실을 다시 뒤지기 시작했다. 물론 신발은 신은 채였다. 너무 화가 나고 놀라서 "나가라, 뭐 하는 짓이냐? 나가지 않으면 가만히 있지 않겠다"라며 소리를 질렀다. 남자들은 그제야 자신이 경찰임을 밝혔다. "니 손님 받았제, 말해라"라고 하면서 윽박을 지르며 강압적인 태도를 보였다. 그는 "휴대폰 있으면 얼른 꺼내라"라고 했고, 없다고 하자 "웃기지 마라, 숨기지 말고 꺼내라"라며 재차 위협했다.

언니는 만약 여기가 완월동이 아니고 보통 사람들이 사는 집이었다면 신문에 날 만한 일일 것이다. "왜 내가 이런 수모를 당해야 하는지 너무나 수치스럽고 끔찍하다. 나는 당장 여기서 나갈 수도 없는 상황이다. 지금은 불안해서 대낮에도 문을 잠그고 있다. 너무 자존심이 상한다. 우리 업소의 다른 아가씨도 이런 경우를 겪고 업소를 나갔다. 우리가 몸 파는 ×이라고 마음대로 한다"면서 분노했다.

업소에 경찰이 무단으로 들어온 것만이 아니라 동네 전체에서 단속을 하고 있었다. 왜 다른 지역은 단속하지도 않으면서 완월동만 단속하느냐며 언니가 거세게 항의했다. "다른 곳은 단속 안 하고 경찰차만 세워 놓고 있다는데, 우리는 들어오는 입구부터 막고 있다. 근처에 사는 주민들까지 주민등록증을 보여 달라 하고, 안 보여주면 들어가지 못하게 한다. 주민등록증이 말소된 사람이 대부분인데 어디 나가지 말고 업소에서 가만히 있든지, 나가면 들어오지 말라는 말과 똑같다. 아가씨들 인권은 인권이 아니냐"라며, "○○관 앞에 경찰차를 세워 놓고 동네에 들어오는 빈 택시도 차 번호를 적고 택시기사에게 주민등록증을 요구한다. 심지어 완월동에 사는 여성들이 외출 갔다 와도 입구에서 주민등록번호까지 다 적는다"라고 하면서 와서 확인해 보라고 했다. ○○관으로 갔을 때에는, 경찰과 사람들 여럿이 모여 있었다. 언니들은 경찰이 나를 비롯한 활동가들을 검문하지 않자, "쟤들은 왜 검문을 하지 않냐" 하면서 따졌다.

○○관에 있는 언니들은 "경찰이 오늘부터 동네에 들어오는 모든 사람에 대해서 불심검문을 하고 있다"라면서, "성매매 예방 차원에서 남자들에 대한 검문은 이해가 되는데 완월동에 사는 여자들까지 왜 적어 가는지 모르겠다", "살인자가 이 동네에 숨어들어도 이렇게까지 심하게 하지는 않을 것이다"라고 했다.

경찰의 단속에 대한 정확한 정보가 부족했던 우리는 그들의 주장이 사실인지를 확인하기 위해 두 팀으로 나누어 부산지역 성매매 집결지를 둘러보았다. 해운대 609에는 경찰들이 있었으나 검문을 하지는 않았고, 간혹 성구매자들이 업소에 들어가는 것이 보였다. 10여 개의 방석집(방석 위에 앉아서 대접을 받는 집이란 뜻으로 기생집 또는 요정이라 불리던 유흥업이 그 기원이다. 한국사회에 자리 잡은 것은 일제시대다. 술 마시는 장소와 성매매를 하는 장소가 동일 공간 안에 있다. 방석집은 전통형 성매매 집결지에 가깝다. 인신의 구속 정도, 수입 등 여러 가지 조건에서 열악하다)이 밀집해 있는 ○○동의 업소들도 모두 홍등을 켜 놓고 여성들이 문밖 의자에 앉아 호객행위를 하고 있었다. 남자 자원봉사자 두 명이 업소 안에 들어가서 영업 여부를 확인했다.

○○포프라마치(포플러 나무와 마을을 뜻하는 일본어 마치를 결합한 단어)는 차량을 타고 돌았는데, 앞 좌석에 남자 두 명이 타고 있는 것을 확인한 수십 명의 호객꾼들이 차량을 두드리거나 오토바이를 타고 계속 쫓아오면서 적극적으로 호객행위를 했다. 영업 여부를 확인하기 위해 업소에 들어간 자원봉사자는 업주에게 경찰의 단속이 걱정된다고 하자 업주가 단속은 하지만 그렇게 강력하게 하지 않는다며 걱정 말라고 했다. 호객꾼이 호객행위를 해도 별다른 단속은 없었다.

완월동은 며칠 동안 강력한 단속이 계속되었다. 이후 들리는 소문에 의하면 ○○경찰서장이 경찰청에서 열린 전국 경찰서장 회의에서 공개적으로 완월동 단속에 대한 질책을 받았다고 한다. 또한 '살림'에 중앙부처 고위급 공무원들이 다녀갔다는 사실을 정보라인에서 파악하지 못하면서 상당히 곤혹스러운 입장에 처했다고 했다.

심지어 업주들이 경찰의 단속에 항의했더니, 경찰들은 노골적으로 "단속문제 해결하려면 '살림'에 가서 해라. 우리는 힘이 없다"라고 했단다. 자신들의 무능함을 현장 단체에 떠넘겨 이간질시키는 그들의 영악함에 속수무책으로 당할 수밖에 없었다.

하얀 비닐봉지 사건

　　밤낮없이 완월동을 왔다 갔다 해야 하는 활동가들도 힘들었지만, 해어화의 임원들도 업주와 상인들로부터 "여성단체 찾아가서 장사할 수 있도록 해 달라고 해라", "경찰 빼 달라", "투쟁 기금 모아 줬더니 뭐 하노", "상담소 가서 소장 뭐하는지 매일 감시해라" 등등의 압박을 받으며 상당히 힘든 날들을 보내고 있었다.

　　하루하루 살얼음판을 걷고 있던 어느 날, 밤새 술을 마신 언니가 "이곳이 지긋지긋하다. 지금 안 오면 죽을지도 모른다. 살고 싶지 않다"라고 하면서 업소에 빨리 오라고 했다. 언니를 설득해 보려 했지만 전화로 달래기에는 역부족이었다. "언니가 술에 잔뜩 취해서 대화가 되지 않고 잘못하면 위험해질 것 같다, 가서 상황을 파악하고 오겠다"라며 한 활동가가 언니가 있는 업소로 갔다. 업소에 도착하니 언니는 계속 술을 마시고 있었고 활동가는 할 수 없이 언니 방에 있어야 했다. 하지만 활동가가 언니와 이야기하는 것이 불편했던 관리자(일명 나까이 이모)가 나가서 마시라고 문 앞에 서서 자꾸 구박했다. 그러자 언니는 술김에 "그래! 내가 나가면 되잖아!" 하고는 옷을 입고 나가려고 했다. 나가는 언니를 활동가가 붙잡으며 "언니, 장부 챙겨야지. 업소에서 일한 거 적어 놓은 것 있으면 들고 가자" 했다. 언니는 장부와 옷가지를 챙겨 그날 업소를 나왔다.

많이 취한 상태였는데도, 상담소에 와서까지 계속 술을 마셨다. 술을 마시면서 연신 업소에서 있었던 업주의 폭언과 폭행, 갈취, 그리고 인간으로 대우해 주지 않은 섭섭함에 대해 이야기했다. 결국 언니는 그날 상담소에서 잤고, 용기 있는 행동으로 업소를 완전히 나왔다. 술의 힘을 빌려 나왔지만 이후로 업소에는 얼씬도 하지 않았다.

언니가 업소를 나간 것을 알게 된 업주는 분을 이기지 못하고 우리를 음해하기 시작했다. 삽시간에 동네 전체에 뜬소문이 퍼졌다. "살림에서 상담원이 와서 애를 술을 먹여 데리고 나갔다", "상담원이 근무시간에 업소에 와서 애들이랑 술 먹는다", "근무시간에 그래도 되나, 여성부에 물어봐야 되겠다" 등의 악의적인 소문을 퍼뜨렸다.

살림과 인연을 맺은 언니들이 업소에서 나가는 일이 잦아지면서 심기가 불편했던 업주들이 이 사건을 빌미 삼아 해어화 임원들을 괴롭혔다. 이날 저녁 한 무리의 업주들이 해어화 고문과 회장이 있는 방을 급습했다. 그들은 막무가내로 언니들의 공간을 침범했고 "니네 말 듣고 살림을 받아들였더니 이 꼴이 났다"라면서 언니들 방에 똥물을 끼얹었다. 옷과 화장품, 가방 등은 밟히고 찢겨져 나가 그야말로 난장판이 되어 있었다.

엉망이 된 언니의 방을 본 순간 이 상황에서 밀리면 그들이 낸 소문을 고스란히 인정하는 것이 되고 언니들을 지켜줄 수 없다는 생각이 들었다. 그래서 나는 동네가 떠나갈 듯이 큰 소리로 말했다. "활동가가 상담이 필요하고 내담자가 원하면 근무시간이라도 술을 마실 수 있다. 우리는 업주 눈치 안 본다. 오늘 이 방에서 술 마시자, 창문도 열어 놓고 방문도 다 열어 놔라"라고 하며 언니들과 술을 마시기 시작했고 업소에 있던 술을 모두 비웠다.

술이 바닥나자 "안이 훤히 보이는 하얀 봉지에 술을 잘 보이게 넣어서 완월동 가운데 길을 통해 업소들을 하나하나 가로질러 해어화 고문 방으로 오라" 하며 활동가에게 부탁했다. 활동가는 당당하게 업소들을 가로질러 술을 가지고 왔다. 그렇게 두세 번 정도도 더 술을 사 왔고 우리는 만취해서 언니 방에서 노래도 부르고 고래고래 소리도 질렀다. 업주들이 들으란 듯이 동네가 떠나가도록 행동했지만 아무도 대답하지 않았고 동네는 쥐 죽은 듯이 조용했다.

우리는 저녁 늦게 사무실로 돌아왔고, 대부분의 활동가들이 퇴근하지 않고 기다리고 있었다. 만취한 활동가 중 한 명이 신발을 잘못 신고 왔다. 활동가와 해어화 고문은 당시 유행했던 어그부츠를 신고 있었다. 그날 활동가는 본인의 왼쪽 어그부츠와 해어화 고문의 왼쪽 어그부츠를 신고 사무실로 왔다. 어그부츠는 왼쪽과 오른쪽을 바꾸어 신기 불편하게 제작되어 있었지만 술은 이런 상황을 가능하게 만들었다. 그날 이후로 업주들은 언니들과 술 마신다는 이유로 살림을 공격하지 않았다.

언니의 결혼에 주례를 서다

언니들과의 만남은 매일 밤낮을 가리지 않고 이어졌다. 이런 시간들이 모여 서로 간에 신뢰가 쌓였고 언니들 사이에서 살림에 대한 우호적인 분위기가 조성되었다. 이렇게 상황이 진전되기까지 해어화의 역할이 컸다. 그들은 업소 안에서 거주하는 형편인지라 업주의 입김으로부터 자유로울 수 없었기에 업주의 이익과 여성들의 이익을 동시에 대변해야 했다. 2004년 11월 사회복지공동모금회에서 언니들의 생계를 돕기 위한 긴급 생계비가 나왔다. 나와 해어화 임원진은 언니들이 생계비를 받을 수 있도록 업주들을 설득하였고 활동가들은 업소를 찾아다니며 언니들을 만나 신청서를 받느라 동분서주했다.

자신의 존재가 드러나는 것을 두려워한 언니들은 개인정보(주민등록번호, 주소, 전화번호, 이름 등)를 다른 사람에게 알려주는 것을 꺼렸다. 우리는, 언니들의 신상에 대한 모든 정보는 철저히 비밀이 보장되며 탈업소 조건 없이 현재의 힘든 상황에 조금이라도 보탬을 주기 위해 생계비를 지원하는 것이라고 했다. 그래도 의심의 끈을 놓지 못한 언니들은 "설마 아무런 조건 없이 주겠느냐", "이 돈을 받으면 여기서 나가야 한다더라", "이름도 올라간다더라" 하는 소문에 신청서 작성을 주춤하기도 하고, 생계비 받기를 끝내 거부하기도 했다.

하지만 우리는 언니들을 찾아다니면서 지속적으로 설득했다. 반신반의하던 언니들이 친한 동료를 설득하기도 하고, 동료들의 신청서를 직접 받아 오기도 했다. 처음에는 아무도 받지 않을 것이라 생각했는데 250여 명의 언니 중 150여 명이 받았다. 긴급 생계비를 받고 난 후에도 언니들은 업소를 나와야 하는 것 아니냐며 두려워했다. 하지만 시간이 지나면서 '업소를 나오지 않아도 되고, 자신의 인적 사항이 드러나지 않는다는 것'을 알게 되었다. 그러면서 자연스럽게 살림에 대한 믿음이 생겼고, 조금씩 다가오기 시작했다.

긴급 생계비가 나오던 날, 새벽까지 업소 일을 마치고 온 언니들로 상담소는 북새통을 이루었다. 거의 신용불량자였고, 자신의 존재를 드러내지 않는 익명의 삶을 살아왔던 터라 대부분 통장이 없었다. 그래서 직접 돈을 받기 위해 줄을 서는 진풍경을 연출했다.

이런 과정에서 말솜씨가 좋고 영리한 김 고문, 말없이 다른 사람 말에 귀 기울이고 실천하는 박 회장과 나는 더욱 더 돈독한 사이가 되어 갔다. 해어화 임원이 된 두 사람은 완월동에서 실질적인 권력과 돈을 가지고 있는 업소에서 일하고 있는 여성들이었다. 실세 업주들은 자기 업소에서 말 잘 듣고 순종적인 그들을 내세웠다. 김 고문은 업소에서 일하는 여성이라기보다는 업주의 일을 대신 도맡아 하는 새끼 업주였다. 박 회장은 10대 후반 완월동에 들어와 20여 년 동안 그곳에서 성매매 여성으로 일하고 있었고 엄마에게 매달 생활비를 주는 착하고, 성실한 여성이었다. 그는 나와 만난 지 얼마 되지 않아 탈업소하고, 결혼했다.

나와 동갑이었던 박 회장은 나에게 주례를 서 달라고 했다. 30대에 주례를 한다고 생각하니 당황스러웠다. 인생의 경험도 풍부하지 않고 결혼생활도 몇 년 해보지 않은 풋내기가 어찌 주례를 선단 말인가? 심사숙고 끝에 못 하겠다고 정중하게 거절했다. 그러나 언니는 자기를 가장 잘 알고 믿을 만한 사람은 나밖에 없다며 한사코 주례를 부탁했다, "10대 때부터 업소에서 일을 하다 보니 아는 사람이라고는 완월동 사람이 전부다", "소장님이 주례 서면 잘살 수 있을 것 같다"라며 계속 부추겼고, 결국 주례를 맡기로 했다.

결혼식 날 혹시 하객이 없으면 안 될 것 같아 활동가들이 총출동하다시피 했다. 결혼식장은 아담하고 예뻤으며, 바다가 훤히 보이는 곳이었다. 걱정과는 달리 하객들이 많이 참석하여 식장을 가득 메웠다. 그때 내가 했던 주례사 내용은 기억나지 않는다. 너무 긴장해서 약간 더듬기도 했던 것 같고, 썰렁한 농담도 했던 것 같다.

이후 몇 년 동안 서로 만나기도 하고 전화로 안부를 물으면서 지냈다. 소식이 끊겼다가 다시 연락이 되기 시작했다. 완월동을 통해서 만난 우리는 아름답고, 질긴, 가슴속에 영원히 남을 인연을 지금도 이어가고 있다.

끝없이 반복되던 언니의 말을
하염없이 듣다

봄이었다. 50대 중반쯤으로 보이는 여성이 상기된 얼굴을 하고, 흥분된 억양으로 "여기가 '살림'이냐" 물으며 불쑥 들어왔다. 우리 반응에는 아랑곳하지 않고 의자에 앉자마자 업소에서 있었던 사건을 이야기하면서 억울한 감정을 토로했다. 큰 목소리와 격앙된 말투에는 분노의 감정이 묻어나고 있었다.

그 언니가 말하길 자기는 업소 부엌에서 밥을 하고 있었다. 그때 옆방 언니가 시끄러워서 잠을 못 자겠다고 하면서 욕을 했고, 이는 곧 머리채를 잡는 싸움으로 이어졌다고 했다. 서로 밀고 밀리면서 싸우던 중 언니가 끓이고 있던 미역국이 바닥으로 엎어졌고, 이것이 상대 언니에게 쏟아지면서 다리와 발에 화상을 입었다고 했다. 언니는 폭력으로 고소당해 지금 경찰서에서 조사받고 오는 길이라고 했다.

"나는 잘못한 게 없다, 자기가 미끄러져 넘어졌다"라면서 당시 벌어졌던 상황을 말로도 모자라, 행동으로 보여주었다. 바닥에 넘어지기도 하고, 드러눕기도 하고, 머리끄덩이를 잡아당기면서 싸우는 장면까지 연출하며, 억울함을 온몸으로 표현했다.

언니의 이야기는 끝이 없었고 목소리도 처음부터 끝까지 변함없이 같았다. 지치지도 않는지 했던 말을 반복하고 또 반복했다. '인제 그만할 때가 됐는데 언제 끝나나' 속으로 생각하며 언니를 보다가 벽을 보다가 딴 생각을 하다가 하면서 그 시간이 빨리 지나가기를 바랐다. 하지만 끝났다고 생각하면 다시 시작하기를 끊임없이 반복했다. 같은 말을 수차례씩 반복하는 언니의 말을 끊을 수도 없었고, 그만하자고 할 수도 없었다. 나에게 어떤 기회도 주지 않았다. "언니 물 드릴까요? 잠시 쉬었다 해요" 해도, 대꾸도 하지 않고 계속 말하고 행동했다.

언니는 5시간 정도 같은 말과 행동을 반복하더니 지쳤는지 "아이고 힘들다. 나는 갑니다" 하고는 무신경하게 가 버렸다. 그리고 다음 날에도 똑같은 이야기를 어제와 같은 톤으로 반복하며 어제와 비슷한 시간이 지난 후 "피곤하다"라면서 사라졌다.

내 말을 들을 기색이 전혀 없었다. 그렇게 하기를 1년. 이후로 4시간, 3시간, 2시간으로 줄어들더니 어느 순간 "내가 말을 너무 많이 해서 미안합니다. 인제 말하이소" 했다. 너무 기뻐서 눈물이 날 것 같았다. 그에게서 해방되었다는 기쁨도 있었지만, 한편으로는 얼마나 쌓인 게 많았으면 지치지도 않고 똑같은 말을 저렇게 반복할까? 하는 안타까운 마음이 있었다.

그날 이후로도 언니는 내 입장이나 상황에 상관없이 말을 하기는 했지만 이전과는 다르게 나의 의견이나 조언을 많이 들어주었다. 그는 아직도 살림과 인연을 맺고 있다. 김장을 하거나,

봄, 가을 나들이 때마다 함께한다. 여전히 목소리 크고 자기주장이 강하며, 욕심이 많다. 하지만 씩씩하고 당당하게 살고 있다.

밥심!! 맘심!!

　　언니들을 만나면 꼭 함께 밥을 먹어야 한다는 것이 활동가들 사이의 불문율이었다. 상담실이라는 사무적인 공간에서 형식적으로 만나면 마음을 열고 자기 이야기를 한다는 것이 쉽지 않다. 하지만 식당에서 메뉴를 고르면서 상대가 좋아하는 음식을 알고 내가 좋아하는 것도 상대가 알게 되면 자연스럽게 가까워질 수 있다.

　어느 날 저녁, 미스방에 앉아 있던 언니가 업소 앞을 지나가는 내가 지쳐 보였는지 집밥처럼 음식을 맛있게 하는 집이 있다며 먹고 가라고 했다. 나를 비롯한 활동가들은 기다렸다는 듯이 냉큼 업소에 들어갔고 잠시 후 음식이 나왔다. 큰 양은냄비, 여러 가지 쌈거리, 생선찌개와 계란찜으로 구성된, 일명 '냄비밥'이었다. 양은냄비에 살포시 내려앉은 듯 하얀 쌀밥과 탐스럽게 눌어붙은 누룽지, 생선찌개와 싸 먹는 다양한 채소들, 큼지막하게 부풀어 오른 탐스러운 계란찜과 돼지고기를 듬뿍 넣은 얼큰한 김치찌개는 환상적인 맛이었다. 이후에도 수시로 완월동을 들락거리며, 냄비밥뿐만 아니라 치킨, 짜장, 짬뽕, 찜 종류, 탕 종류 등 주변 식당들을 거의 섭렵했다. "시키는 것마다 왜 이렇게 맛있냐"라고 했더니 언니는 "여기 아가씨들이 늦게까지 일하고 잠도 못 잔 상태라 입이 까칠해서 음식이 맛이 없으면 안 먹는다"라고 했다.

그 맛을 활동가들과 함께하고 싶어 주문했다. 정말 손맛 좋은 '장금이도 울고 갈 맛'이었다.

그런데 어느 날, 배달음식에 길들여진 언니들은 집에서 엄마가 해 준 음식이 그립다고 했다. 나는 큰마음 먹고 우리 집에서 떡국 파티를 하기로 했다. 언니들의 의견을 묻지 않고, 날짜를 정했더니 "날짜를 물어보지도 않고 왜 마음대로 정하냐, 마음 편하게 먹게 금요일로 해라. 안 그러면 우린 참석 못 한다"라고 하면서 강력한 항의와 은근한 협박을 보냈다.

17평의 좁은 공간에 70~80여 명이 한꺼번에 모이니 콩나물시루가 따로 없었다. 거실과 부엌 등 자그마한 공간에 각자를 배려하면서 따닥따닥 붙어서 최대한 서로를 밀착시키고 앉았다. 사람들이 다 들어오지 못할 것이라고 생각했는데 신기하게 모두 앉을 수 있었고, 오히려 몇 사람 더 앉을 공간이 남았다. 서로에 대한 배려가 기적을 낳았다.

언니들은 "업주들이 소장 집 크다 하더니 집이 작네, 집 좀 사지? 하기야 업주 눈치 보여서 못 사겠다", "저번에 차도 보니 다 찌그러졌던데. 우리 집 엄마(언니가 일하고 있는 업소의 업주를 부르는 말)가 소장 외제차 몰고 다닌다고 하더만" 했다. 그리고 음식 많이 차렸다고 칭찬한 다음 맛 점검을 시작했다. "반찬이 왜 이리

싱겁냐? 나는 싱거운 거 안 좋아한다. 간장 주라" 하며 음식 취향을 확실히 말하는 언니, "그냥 먹어라, 또 시작이다"라면서 중간에서 기를 눌러 주는 언니, "맛있네, 정성이 고맙다. 우리를 위해 누가 이렇게 밥 상 차려 주겠노" 하면서 연신 고맙다고 하는 언니까지 있었다.

업소에서 일하는 여성들은 술도 잘 마시고 담배도 잘 피우는 줄 알았다. 그런데 술을 못 마시거나 안 마시는 사람이 의외로 많았다. 하지만 내가 아는 언니들은 담배는 다 피웠다. 담배가 언니들에게는 삶의 낙이자 인생을 위로하는 위문품이었다. 언니들은 담배연기를 보면서 "인생도 담배연기 같다, 이렇게 허공에 떠다니는 것을"이라며 시적인 표현을 쓰기도 하고, "담배가 내 인생이다, 담배 없이는 못 산다"라며 담배 예찬론을 펼치기도 했다. 떡국 파티 하는 날이면 우리 집 베란다는 희뿌연 연기로 가득 찼다.

어김없이 고스톱 판이 벌어졌다. 화투의 고수들인 언니들과 초보인 활동가들이 한판 승부를 펼치면, 초반에는 대체로 눈치 없는 활동가가 이겼다. 언니들은 "흐름 깬다. 나가라", "저 봐라. 그래 치면 안 된다, 눈치 없이" 하며 핀잔을 주고 구박을 끊임없이 했다. 꿋꿋하게 버티던 활동가는 슬그머니 빠져나왔다. 그러고 나면 그들만의 진검승부가 펼쳐진다. 화투를 얼마나 사랑하는지 '화투끼리 짝짝 붙는 소리'가 끝없이 이어졌다. 언니들이 화투 치고 노는 동안, 배웅 선물로 떡국, 떡, 돼지수육 등을 검은 봉지에 정성스레 싸 놓았다. 언니들은 최고의 선물이라며 기뻐했다. "다음에도 떡국 파티 기대합니다. 고맙습니다. 잘 먹을게요"를 연발하고 바람처럼 사라졌다.

대체로 나이 많은 언니들이 먼저 가고 나면 상대적으로 젊은 언니들과 활동가들이 못다 한 이야기들을 나누거나 게임을 했다. 그렇게 밤은 깊어 갔고, 새벽녘이 되어서야 끝이 났다. 집에서 엄마가 해 준 음식이 그립고 먹고 싶다는 언니의 말에서 시작하게 된 떡국 나누기 행사는 1년에 한 번씩 열렸다. 활동가들은 한 해의 가장 큰 행사로 생각하고 정성을 쏟았다. 그날만큼은 활동가와 내담자의 관계가 아니라 집이라는 공간에서 만나는 일종의 대가족이었다.

이렇게 밥심과 맘심으로 관계를 맺은 우리는 언니들이 업소에서 나와 집을 얻거나, 결혼을 하거나, 아이 돌잔치를 할 때도 빠지지 않고 참석해 진심으로 축하했다. 적은 월급이지만 십시일반으로 돈을 모아 축의금을 내거나 밥솥, 청소기 등 생활에 필요한 물건을 샀다. "집들이 하세요. 그래야 잘 산대요" 하면서 애교도 떨었고 언니들은 마지못해 집들이를 했다. 언니가 정성스럽게 차린 음식을 먹으며 밤새는 줄도 모르고 한바탕 신나게 놀았다. 거의 빈털터리로 업소에서 나와 돈이 없던 언니들은 산 중턱 언덕배기에 방 하나와 부엌이 있는 공간을 얻었다. 어떤 언니의 방에는 금송아지(겉을 금색으로 칠한)가 한가득 있었다. 집을 금으로 가득 채우면 무병장수하고 부자로 산다는 미신을 강력하게 믿고 있었다.

"조금 있으면 우리 딸 생일이야 놀러와." 딸 생일에 초대받은 활동가는 케이크와 선물을 준비하고 언니가 있는 업소에 갔다. 그런데 생일을 맞았다던 딸은 바로 강아지였다. 깜짝 놀란 활동가가 "딸이 강아지예요?" 하려다가 꾹 참으며 "언니 딸 예쁘다"라면서 강아지에게 "생일 축하해" 했다. 언니들은 업소에서 같이 일하는 사람들보다는 강아지를 더 믿고 챙긴다. 가족처럼, 친구처럼, 자식처럼 아끼고 의지했다. 언니들은 자신보다도 강아지를 더 소중히 여겼다. 그래서 우리는 강아지를 함부로 대하지 않았고, 어떤 때에는 강아지로 살림이 '개판'이 되기도 했다. 강아지 생일을 위해 케이크를 준비했던 활동가는 그 이후로 나에게 몇 번 구박을 받았다. "강아지 생일은 챙겨주면서 나는 왜 안 챙겨줘요? 내가 개만도 못해요?" 하면 "언니에게 강아지는 자식이에요. 사람이라고요" 하면서 나의 구박을 당당하게 견뎌 냈다.

납치된 언니

자정쯤 전화가 왔다. "손님이 신고해서 지구대에 왔는데 나만 바보가 됐다. 초저녁에 손님을 받았는데, 하고 나서 성구매자가 성매매가 불법이니 경찰에 신고하겠다, 신고 안 할 테니 돈 받지 말라"라고 협박하고 그냥 갔다고 했다. 언니는 "몇 시간 동안 비위 맞춘다고 고생했는데 어찌 화대를 안 받느냐, 내가 처벌받는 것은 상관없다, 그 남자를 고소하겠다"라고 했다. 지구대에 간 업주와 현관이모, 성구매자가 언니를 빼놓고 서로 합의했고, 언니의 의사와 상관없이 자기들 마음대로 사건을 마무리 지었다며 빨리 와서 도와 달라고 했다.

업소에서 만난 언니는 "내가 고생한 화대를 다 날렸다, 업주가 줄 것도 아니면서 나만 피해 봤다"라며 이렇게 될 바에는 고생한 돈 받는 것 포기하고 성구매자를 처벌하고 싶다고 했다. 업주에게 언니의 의사를 전달했으나, "그런 일 없다"라며 부인했다. 다행히 언니가 112로 신고한 기록이 있어서 업주는 인정할 수밖에 없었다. 성구매자가 신고를 미끼로 언니들을 협박해 성구매 비용을 내지 않거나, 사건화되어 처벌받는 것을 꺼리는 업주들이 경찰에 신고하지 않고 그냥 넘어가는 경우가 대부분이라 언니들만 피해를 본다. 하지만 이 사건의 경우 112 신고 기록이 남아 있었고 업주가 인정했기 때문에 경찰서에 사건이 넘어갔고 언니는 새벽까지 조사 받았다.

4~5시간의 긴 조사 과정에서 언니는 가끔씩 기억나지 않는 상황을 진술하기 힘들어했다. 그럴 때면 경찰은 퉁명하고 신경질적으로 반응했다. 나는 그런 경찰과 기싸움을 벌이기도 했고, 언니와 함께 진술조서를 몇 번 수정하기도 했다. 시큰둥하고 무뚝뚝한 경찰이라서 걱정을 많이 했다. 하지만 선불금이 많았던 언니의 입장을 최대한 반영하여 진술조서를 작성해 주었고 다행히 언니는 처벌을 면할 수 있었다.

조사를 받고 나온 언니는 "엄마 병원비가 한 달에 이백만 원 들어가는데, 그 돈을 마련해야 한다"라면서 다시 업소로 갔다. 이후로도 업소를 나왔다 들어가기를 몇 번 반복하더니 어느 따뜻한 봄날, "날씨가 너무 좋은데, 여기 오고 싶더라. 인제 다시는 저 동네 안 들어간다, 너무 힘들게 살았다. 이 나이가 되도록 뭐하고 살았는지 한심하다" 했다.

그날 이후로 언니는 업소에서 나와 쉼터에 들어갔다. 처음 몇 달 동안은 바깥출입도 하지 않고 계속 먹고 자고 했다. 그러다 친구를 만나러 외출했는데 연락이 되지 않았다. 비상이 걸린 활동가들은 안절부절못하면서 정신없는 시간을 보내고 있었다. 밤늦게 언니는 "업주에게 납치되었으니 구출해 달라 ○○모텔"이라는 문자를 보냈다. 긴급히 경찰과 함께 언니가 감금되어 있는 곳으로 갔다. 우리가 나타나자 업소 관계자로 보이는 사람들이 언니에게 입에 담지 못할 온갖 욕설을 퍼부었고 그들은 곧 지구대로 연행되었다.

업주가 어떻게 알았는지 쉼터 위치를 알고 있었고 쉼터 앞에서 며칠 잠복해 있다가 언니를 차에 태워 납치했다고 했다. 납치되자마자 휴대폰을 빼앗겼지만, 다행히 휴대폰이 하나 더 있어 이를 팬티에 숨겨 화장실에서 연락했다. 일촉즉발의 위기 상황에서 놀란 가슴을 쓸어내려야 했다.

업소 일을 한 번에 그만두는 경우는 드물다. 언니들은 대부분 사회경험도 거의 없고, 아는 사람도 업소 관계자가 대부분이고, 학력도 변변치 않다. 업소를 나와도 머무를 데가 마땅치 않은 상황에서 업소에 들어갔다 나갔다를 몇 년 동안 수차례 반복한다. 활동가들이 선택을 강요할 수는 없다. 업소에 돌아간다고 하면 "그러세요, 우리가 그립거나 생각나면 오세요" 했고, 가끔씩 생각나면 찾아왔다. 업소에 머무는 것과 탈업소 사이에서 고뇌하고 망설이며, 몇 번 혹은 몇십 번, 몇 년을 생각하고 또 생각한다. "그래도 업소에서 나오면 여기 올 데라도 있다. 우리가 달리 갈 데가 어디 있겠노" 하는 언니들의 모습이 선하다. 업소에 있든 업소에서 나왔든 우리를 믿는 언니들이 있어서 이 자리에 있는지도 모른다.

계속되는 언니들의 죽음

부산에 몇 년 만에 함박눈이 내린 날이 있었다. 아파트 주차장과 골목길, 학교 운동장에 눈이 쌓여 출근하기 힘들었다. 내리쬐는 햇살이 쌓인 눈에 반사되어 하늘을 쳐다보기 힘들 정도로 눈부셨다. 그날 사고가 생겼다. 완월동 ○○관에서 일하는 언니가 성구매자와 함께 인근 모텔로 외박(성매매 영업의 한 형태로 자신이 일하는 업소가 아닌 다른 곳에서 성구매자와 성매매를 하는 것) 나갔다가 그에 의해 살해당하는 사건이 발생했다. 사실을 알게 된 활동가들이 모텔을 방문했을 때 시신은 이미 다 치워졌고 폴리스 라인만 쳐져 있었다.

우리는 상황 파악을 위해 경찰서를 방문했다. 경찰은 살인범을 잡는 데 힘을 쏟느라 다른 부분에 대한 수사는 뒷전이었다. 나는 살인범에 대한 수사와 함께 업소와 모텔에 대한 수사를 철저하게 해 달라고 요구했다. 그러나 경찰은 "피해 여성의 가족이 있으니 알아서 하겠다. 최선을 다하겠다. 업소나 모텔에 대한 수사는 살인범을 잡은 후에 진행할 테니 신경 쓰지 마라" 했다. 한 마디로 '간섭하지 말고 썩 꺼져 달라'는 것이었다.

부모님과 연락할 수 있도록 연락처를 가르쳐 달라고 했으나, 연락처도 모르고 오늘 내려오기로 했으니 만나려면 기다리라고 했다. 하루 종일 경찰서에서 기다리다 피해 여성의 아버지를 만났다. 피해 여성의 어머니는 놀라서 실신해 병원에 입원해 내려오지 못했고 아버지는 언니가 완월동에서 일한 사실을 모르고 있었다. 조심스러워 우리는 어떤 말을 꺼내야 할지 몰랐다. 긴장감이 흘렀고, 경찰을 통해서 모든 사실을 알게 된 아버지는 한참 동안 눈물을 보였다.

사체 부검을 위해 피해 여성의 아버지와 함께 병원에 갔다. 그러나 가족이 아니라는 이유로 부검실에 들어가지 못한 우리는 부검이 끝날 때까지 기다렸다. 부검이 끝난 후 나온 아버지는 억울한 감정을 몇 번이고 토로하셨다. 눈에는 눈물이 어려 있었고, 핏발까지 서 있었다. 조금 쉬어야겠다며 연락처를 주고 가셨지만, 그 이후로 연락이 되지 않았다.

우리는 업주의 성매매 알선행위와 살인방조, 모텔 업주의 성매매 장소 불법 제공 등에 대한 수사를 강력하게 요구했다. 법적 근거가 없다던 경찰은 마지못해 수사를 진행했다. 업주는 '피해 여성'이 업소에서 피살되지 않았다는 이유로 불구속 기소되었다. 모텔 업주는 "애인 사이인 줄 알았다"라고 자신의 혐의를 완강히 부인하는 바람에 혐의 없음으로 처리되었다. 우리는 처분이 부당하다며 탄원서를 제출했고, 업주는 결국 구속되었다. 하지만 얼마 지나지 않아 석방되었고 곧이어 영업을 재개했다.

모든 과정을 지켜본 언니들은 "죽은 사람만 억울하다", "왜 여성단체가 업주를 처벌하지 않고 가만히 있느냐"라며 목소리를 높였다. 언니들은 자신이 언제라도 억울하게 죽은 당사자가 될 수도 있다는 생각으로 힘들어했다. "죽은 사람을 위해 할 수 있는 게 없느냐", "이대로 있기에는 마음이 너무 아프다" 등 죽은 언니를 위해 무언가 하기를 바라는 눈치였다.

억울한 언니의 영혼을 달래고자 하는 언니들의 마음을 담아 천도제를 지내기로 했다. 천도제를 지내기로 한 곳은 승학산 중턱에 위치한 암자로 사방이 확 트여 절경을 자랑하는 곳이었다. 언니가 안아야 했던 몸과 마음의 상처들이 모두 자유롭게 훨훨 날아갈 것만 같은 곳이었다.

활동가들, 완월동 언니들, 업주들, 죽은 언니의 여동생이 참석했다. 천도제는 스님과 참석한 사람들의 정성으로 무사히 치러졌다. 젊은 나이에 요절한 언니에게 '이 세상에서 못다 한 소원 저세상에서 이루기를', '얽매였던 몸에서 자유로운 영혼으로 저세상에서 행복하게 살기를' 빌었다.

천도제를 지냈다는 소식은 순식간에 언니들에게 퍼졌다. "고맙다, 죽으면 누가 초상 치러줄까 걱정했는데 인제 안심 된다"라며 자기 일처럼 기뻐하고 고마워했다.

성구매자에 의한 죽음과 함께 안타까운 자살 사건도 있었다. 어느 날 아침 경찰로부터 연락이 왔다. 해운대 609 근처 모텔에서 여성이 약물 과다 복용으로 숨졌는데, 수첩에 활동가의 명함이 있었고 죽은 여성과 성이 같아서 가족인 줄 알고 전화했다는 것이다.

우울증이 있었던 언니는 다량의 수면제를 복용했고, 약봉지가 방 여기저기에 흩어져 있었다. 어릴 때부터 고아원에서 자랐던 언니는 어머니를 지척에 두고도 갈 수 없었다. 집안 사정이 여의치 않아 언니를 키울 처지가 되지 않아서였다. 언니의 어머니를 찾아 죽음을 알렸으나 힘든 형편으로 장례를 치를 수조차 없었다. 가족을 옆에 두고 가고 싶어도 가지 못하고 주변을 맴돌았을 언니를 생각하니 애잔한 마음이 가슴을 후벼 팠다.

가족이 언니의 죽음에 대한 절차상의 예의를 포기한 상황에서 우리가 모든 장례 준비를 했다. 우선 언니와 같이 생활했던 쉼터 언니들에게 죽음을 알려야 했다. 봄이라서 그런지 언니들의 우울증 지수가 상당히 높았고, 대부분 우울증 약을 복용하고 있던 때였다. 베르테르 효과(유명인의 자살이 있은 후 유사한 방식으로 잇따라 자살이 일어나는 현상)에 대한 두려움이 컸다. 죽음을 알리는 순간 우울증에 시달리는 언니들이 연이어 자살하면 어떻게 하나 고민했지만, 마냥 숨길 수는 없는 노릇이었다. 다행히도 언니의 자살을 담담하게 받아들였다. 그러면서 장례식장에 한걸음에 달려와 2박 3일 동안 함께 울고 위로하기도 하면서 장례식장을 지켰다.

장례 준비는 활동가들이 맡았다. 술과 떡, 음식 등을 주문하고 손님도 맞았다. 활동가와 이사들이 십시일반 장례비용을 모았다. 문상객이 거의 없는 텅 빈 빈소는 언니가 살아온 인생을 보여주는 것 같았다. 빈소 사진을 보는 순간 쓸쓸함과 외로움에 더해 분노가 일었다. 대체 왜 20대 초반의 젊은 나이에 생을 마감해야 했을까? 무엇이 그토록 언니의 저승길을 재촉했을까?

발인 날 화장장으로 향하는 언니를 흐드러지게 핀 꽃이 배웅하고 있었다. 처량함은 슬픔이 되었고 눈물이 폭포수처럼 흘러내렸다. 애잔하고 아팠던 하루하루를 견뎌냈던 20여 년의 허무한 삶이 막을 내리고 있었다. 화장이 끝나고 하늘로 언니를 보내는 의식을 진행하였다. 주위에는 새싹들이 움트고 있었고 태양은 새싹에 사랑을 주고 있었다. 그러나 그 광경을 즐길 수 없었다. 슬픔에 겨워 몸을 가누기가 힘들었다. 슬픔에 빠져 허우적댈 때쯤 나무 위에서 새가 울기 시작했다. 언니가 '고맙습니다, 잘 있어요'라고 인사하는 것 같았다. '언니 이승에서 못다 한 행복, 저세상에서 누리세요.' 우리 모두의 바람을 안고 언니는 떠났다. 이후에도 우리가 알지 못하는 업소 곳곳에서 언니들의 죽음은 끝나지 않고 계속 이어졌다.

완월동 업주와
살 떨리는 삼자대면

"딸이 완월동에서 일하고 있는데 어떻게 해야 하느냐? 빚이 2천만 원이라 그걸 갚아야 나올 수 있다"라고 하면서 "2천만 원을 어렵게 마련해서 딸을 구하러 가는 길이니, 좀 도와 달라"라고 하는 중년 남성의 전화를 받았다. 윤락행위 등 방지법은 성매매를 전제로 한 선불금은 무효라고 되어 있다. 하지만 선불금을 법적으로 무효화하기 위해서는 경찰 조사를 받는 등 법적 절차를 거쳐야 했다. 아버지께 선불금의 무효화와 법적 절차에 대해 말씀드렸더니 "딸이 이런 문제로 경찰서에 가는 것은 싫다. 그냥 돈을 갚을 테니 딸만 데리고 나오면 된다"라며 간곡히 부탁했다. 활동가가 경찰에 신고하자고 끈질기게 설득했지만 아버지는 막무가내셨고 고민 끝에 아버지와 함께 충초회 사무실에서 충초회 총무를 만나기로 했다.

아버지는 업주에게 빚을 갚기 위해 돈을 가지고 왔지만, 업주에게 돈을 주고 언니를 데리고 나온다는 것은 말도 안 되는 일이었다. 어떻게 하면 언니를 데리고 나올 수 있을까 궁리하던 끝에 총무를 설득하기로 했다. 아버지가 경찰에 신고하려고 하는

데 활동가가 다른 방법이 있다고 만류해서 충초회 사무실로 모셔온 것처럼 연기하여 업주가 선불금을 포기할 수 있도록 하자고 했지만, 아버지는 연기를 잘할 자신이 없다고 그냥 돈 주자고 하셨다. '혹시 들통나면 어쩌지? 업주들이 몰려와 협박하고 욕하고 때리면 어떡하지?' 활동가는 업주와의 대면 시 담담하고 의연하게 대처하는 연습을 완월동에 가는 동안 계속했다.

아버지를 모시고 동네 골목길을 올라가는데 다리가 후들거렸다. 평소에는 보이던 동네 입구의 교회, 쌈지공원, 간이 초소, 업소 등이 하나도 눈에 들어오지 않았다. 우리의 발소리나 심장의 떨림, 가끔씩 동행자의 기침하는 소리만 들려올 뿐이었다. 업주가 언니들을 빼돌리고 그런 아가씨 없다고 하면 어떡하지 하는 걱정도 되었다. 그러나 그건 정말 기우였다. 함께 걷는 동안 한마디도 안 하시던 아버지가 오는 길에 업소의 규모와 내부의 모습을 보고 충격을 받은 것 같았다. 아버지의 표정을 보니 분노와 충격이 교차하고 있었다. 경찰서에 신고하지 않겠다고 했던 그는 분노에 찬 목소리로 "업주를 고소하겠다, 어찌 이런 곳에 내 딸이 있는가, 2천만 원 왜 줬는데, 진짜 줬냐, 우리 딸 몸 팔아서 너그들 잘사냐, 가만두지 않겠다, 우리 딸 어디 있노, 당장 내놔라, 경찰에 신고하겠다"라고 하면서 진정으로 분노했다.

총무는 당황하는 기색이 역력하였고 아버지를 진정시키려고 노력했다. 아버지의 분노로 업주와의 협상은 잘 진행되었다. 언니는 2천만 원을 업주에게 주지 않고 집으로 돌아갈 수 있었다.

우리는 업주와 언니들 사이에서 선불금을 두고 협상하는 자리에 끼어들어서 중재하지 않는 것을 원칙으로 하고 있다. 그러나 가끔씩 이런 원칙을 어기는 경우가 있었다. 성매매 사건으로 언니가 경찰서에서 조사를 받으면 피의자로 입건되어 수사나 처벌 기록이 문서로 남을 수밖에 없기 때문에 언니들이 원하면 활동가들이 협상가가 되어 가끔씩 이런 악역을 맡기도 했다.

업주의 죽음과
활동가들의 트라우마

　　어느 날 아침 언니가 헐레벌떡 뛰어왔다. "○○관
업주가 자살했다, 업주들이 흥분해 있다, 상담소로 쳐들어올 기
세다"라며 빨리 피하라고 했다. 오후가 되자 완월동 총무 등 몇
명의 업주가 들이닥쳤다. 그들은 다짜고짜 고함을 지르고 욕설
을 퍼부으며 위협하기 시작했다. "너희들 때문이다, 너희들이 성
매매 특별법 만들어서 몇 달 동안 장사를 못하니 이 지경까지 왔
다", "살려내라", "내일 초상 치를 건데 여기 와서 노제를 지낼 끼
다", "함께 죽자" 등등 갖은 협박과 위협을 가했다. 실제로 칼이
나 독약을 가지고 온 업주도 있었다.

　그들이 돌아간 후 업소 사정에 밝은 동네 마당발 언니는 "자
살한 업주가 운영하는 업소에는 아가씨가 두세 명 정도 있었다.
선불금도 많이 안 주고, 다른 업주와 잘 어울리지 않았고, 삼촌
(남자 주인)과 이모(여자 주인) 사이가 안 좋았다. 특별법 이전부
터 장사도 잘 안 되었다"라고 했다. 완월동의 여러 업소들과 비
교했을 때 큰 업소가 아니었던 점, 언니들의 숫자가 많지 않았
던 점, 선불금을 많이 주지 않았던 점, 성매매 특별법 이전에도

영업이 잘 되지 않았던 점 등으로 미루어 봤을 때 성매매 특별법 때문이라고 보기 어려웠다. 하지만 언론들은 정확한 사실 관계조차 확인하지 않은 채 성매매 특별법으로 인해 업주가 빚을 많이 지게 되어 생활고에 못 이겨 자살했다고 보도했고 업주들은 우리에게 분풀이를 했다.

업주들의 갑작스런 난입에 놀란 활동가들은 그날 밤 업주들이 상여를 지고 상담소 앞에서 노제를 지내는 악몽을 꾸었다. 다수의 활동가들이 비슷한 내용의 꿈을 꾸었다. 몸과 마음의 트라우마가 꿈으로 나타난 것이다. 꿈을 많이 꾸고 잘 맞는 편인 나는 "상여는 좋은 꿈이다, 앞으로 좋은 일이 많이 일어날 징조다"라며 활동가들을 위로했다. 그날은 일이 손에 잡히지 않았고 몇 초 단위로 창밖을 내다보며 서성거렸다. 하지만 상여는 오지 않았다.

이후 업주 자살 사건이 또 있었다. 완월동은 성구매 대가를 카드가 아닌 현금으로 지급한다. 그래서 동네 입구에 현금인출기가 설치되어 있고 성구매자들은 이곳을 이용한다. 하룻밤에 성구매 비용으로 몇십억씩 현금이 들어왔고 은행 예금보다는 계를 통해 재산을 불려 나가는 사람들이 많았다. 계의 규모는 상상을 초월했다.

1980~90년대는 몇백억 원대의 계가 여러 개 있었지만 90년대 후반부터 줄어들기 시작했고 2000년대 초반에는 백억 원이 넘는 규모의 계가 하나 남아 있었다. 2백억 원대의 계를 운영하며 대를 이어 완월동에서 여성들을 매매해 온 동네 유력 업주가 자살

했다. 성구매자들이 동네를 찾지 않으니 돈이 들어오지 않았고 곗돈이 잘 걷히지 않아 계원들에게 곗돈을 제때 주지 못하게 되었다. 그러자 업주들이 대부분이었던 계원들로부터 온갖 모욕과 시달림을 당했고, 이로 인한 수치심과 모욕감을 이기지 못해 스스로 죽음을 선택한 것이었다.

업주들은 식칼, 독약 등을 가지고 살림으로 찾아와 또 행패를 부렸다. 자신들의 화풀이 대상이자, 동네북이었다. 나는 그들에게 "성매매 특별법이 문제라면 정부기관에 가서 항의할 일이지 왜 힘없는 우리한테 분풀이를 하느냐"라면서 그들과 실랑이를 벌였다.

반복되는 기습 침입에 입구에 비상벨을 설치했다. 출근이 완료되면 문을 잠그고, 누군가가 벨을 누르면 신원을 확인한 다음 열어 주었다. 그러나 별다른 실효성이 없었다. 비상벨 설치 후 업주들의 기습 방문은 거의 없었고, 매일 들르는 언니들이 적응하지 못했다. 언니들은 비상벨을 누르지 않고 문이 잠겼다며 돌아가기도 하고, 왜 문을 잠그느냐고 화를 내기도 했다.

그때 업주들에게 들었던 욕은 내 평생 듣고도 남을 욕들이었다. 그들은 대단한 재주가 있었다. 욕을 단어로 하지 않고 문장으로 했다. 욕 실력은 정말 끝내줬다.

완월동 문화제 '언니야 놀자' 1

밤낮없이 완월동을 들락거리며 그곳의 모순을 보았다. 완월동 주변에는 주택가, 교회, 공원 등이 있고 수십 개의 출입구가 있다. 한 블록 아래에는 버스가 다니고 멀지 않은 곳에 자갈치시장이 있다. 저녁이 되면 하얀 드레스를 입은 여성들이 유리방에 앉아 있고, 거리는 성구매를 하려는 남자들로 넘쳐났다. 현관이모들은 지나가는 남자들을 업소 안으로 끌어들이고 여성들을 통제하고 감시하고 파는 역할을 한다. 밤이 깊어질수록 거리를 활보하는 성구매자들은 늘어났고, 여성들은 유리방에 갇혀 그들의 선택을 기다렸다. 선택된 여성들은 업소의 방에 갇혀 그 밤을 견뎌야 했다.

10m도 채 안 되는 완월동 거리는 타인의 거리였으며, 성구매자들의 공간이었다. 누구에게나 접근이 허락되지 않았고, 소수의 사람들이 권력을 행사하고, 찰나의 욕망이 스쳐 지나는 곳이었다. 누구에게는 파라다이스였지만 누구에게는 거대한 육체적, 정신적 감옥이었다. 그곳은 여성들의 성매매로 이윤을 창출하는 이들의 공간이자 성구매자의 공간이었다. 이곳에서 여성들은 철저

언니들이 매일 밤
앉아 있던 유리방

히 타자화되어 있었다.

우리는 단 하루만이라도 언니들이 이곳에서 해방되어, 자유를 즐기고, 문화를 향유하게 하고 싶었다. 그래서 세상과의 소통을 꿈꾸며 '언니야 놀자'를 기획했다. 노래자랑대회, 영화 상영, 거리 사진전과 언니들이 직접 만든 작품전시회를 하고 동네 사람들이 음식을 나누는 먹거리 장터도 열 계획이었다.

완월동이 생긴 이래 성매매업소 업주와 여성들의 동의를 얻어 최초로 만든 집단 휴업일이었다. 하지만 행사 준비 과정은 순탄치 않았다. "이 행사 끝나고 완월동 장사 못 하게 한다더라", "행사 못 하게 집회신고를 하자", "행사를 하고 나면 완월동은 죽는다", "살림이 완월동을 죽이려고 한다" 등 확인되지 않은 온갖 악성 루머들이 떠돌기 시작했다. 언니들도 "잘 되겠냐?", "이 동네에서 그런 행사를 한다니 우린 좋은데, 업주들이 가만히 있겠냐?" 하면서 우려와 기대 섞인 반응을 보였다. 행사 날짜가 다가오면서 노래자랑 대회에서 1등을 하겠다며 매일 한두 시간씩 노래방에서 노래 연습을 하는 언니들도 있었다.

그런데 행사 2~3일 전부터 완월동 주변 상인들과 몇몇 업주들은 살림과 상호 협력하겠다는 약속을 깨고 행사 개최를 완강히 저지하기 위한 행동에 돌입했다. 동네 입구에 플래카드를 걸고자 했던 계획은 업소 관계자들의 실력 저지로 번번이 무산되었다. 경찰은 "동네 사람들이 격앙되어 있으니 이해해라, 행사하기 전에 현수막을 걸 수 있도록 협력하겠다, 잘 진행될 것이다"라고 했다. 상인들은 행사 전날 저녁 활동가들이 걸고 있던 플래카드를 빼앗아 땅에 내팽개치면서 막아섰다. 이때 경찰은 "오늘은 경찰 병력이 몇 명 없으니 괜히 서로 힘 빼지 말고 그냥 돌아가라. 내일 전경들이 올 테니 플래카드며 무대 설치 등을 다 가능하게 해주겠다. ○○ 경찰서 차원에서 회의가 다 끝났고 행사 당일 경찰 병력 200명이 투입되어 행사를 원만하게 진행할 수 있을 것"이라고 말했다. 어리석게도 그의 말을 믿었다. 아니 믿고 싶었는지도 모르겠다. 행사 개최를 장담했던 형사는 정작 그날엔 아들 결혼식이라고 나타나지 않았다.

행사 당일 아침 7시에 무대 설치팀이 무대 설치를 위해 완월동 진입을 시도했다. 어디서 왔는지 할아버지, 할머니들이 입구를 점령하고 있었고, 업주와 상인들은 동네 안쪽에서 우리를 내다보고 있었다. 행사장으로 들어가기 위해 다양한 시도를 해 보았지만 업소 관계자들이 완강하게 저지하면서 진입하는 것 자체가 불가능했다.

업소 관계자들 중에는 상복을 입고 나와서 '동네를 죽인다' 하며 손으로 땅을 치며 곡을 하는 사람들도 있었다. 업주들은 자신들이 불법적인 영업을 한다는 것을 알고 있었기 때문에 전면에 나서지 않고 상인연합회를 전면에 내세워 뒤에서 조종했다.

행사 관계자들이 무대 설치를 위해 짐을 내리자, 업소 관계자들이 차량 진입을 막고 행사 도구를 빼앗고, 활동가들을 밀치고, 욕설을 하며, 물건을 집어던졌다. 상인들이 대규모로 싸움을 걸어 와 활동가 한 명이 목이 졸렸으며, 다른 활동가들 역시 상인들에 의해 머리채를 잡히고 발로 차이며, 짓밟히고 얼굴을 긁히고 손톱이 부러졌다. 누군가는 각목으로 위협하며 "죽이겠다"라면서 상담원의 옷 속으로 각목을 들이밀었다. 공연기획자는 바닥에 쓰러진 상태에서 상인들에게 구타당했다.

경찰에게 중재를 요청했더니 경찰은 "못 들어가게 막는데 어떻게 하겠습니까? 우리도 어쩔 수 없습니다. 대화를 해 보세요" 했다. 활동가가 "상인들의 폭력을 막아 달라, 이는 불법집회다" 하자 "집회 시간 전에 준비하는 것도 집회다"라며 오히려 그들 편을 들었다. 다시 "출입조차 못하게 막는 것이 무슨 평화집회냐"라고 하자 경찰들은 활동가들에게 화를 내며 "더 이상 나도 모르겠다" 하면서 그냥 가 버렸다.

무차별적인 폭력과 방해 행위가 두 시간여 동안 계속되었다. 완월동에서 삼촌이라 불리는 남자는 활동가에게 "××를 쇠꼬챙이로 쑤신다"라는 모욕적인 욕설과 함께 담뱃불을 얼굴 앞에 가져다 대면서 "얼굴을 지져 버리겠다"라고 위협했다. 그 남자는 마스크를 벗어 활동가들 얼굴에 가져다 대며 위협하였고 오토바이를 타고 활동가들을 들이받을 것처럼 폭력적으로 다가왔다. 상인들은 시너를 채운 물통과 똥통을 들고 "불을 지르겠다", "다 죽자", "똥물을 퍼붓겠다"라며 협박했고, 쇠막대기로 다시 위협했다.

상황이 급박하게 돌아가자 의경이 출동해 ○○ 주점 골목 안쪽으로 병력을 배치했다. 그들은 우리에게 "××를 걸어차겠다", "니가 대신 업소 와서 몸 팔아라. ××년, ××년아" 등의 온갖 욕설을 퍼부었다. 우리는 하루 종일 입에 담지 못할 욕설을 들으며 무방비 상태로 그 자리에 놓여 있었다.

　5월의 그날은 그렇게 저물고 있었다. 냉철하고 이성적인 판단으로 철수를 빨리 결정해야 했지만, 업주들에게 질 수 없다는 자존심과 고집, 감정에 치우친 채 이성을 상실해 버린 나는 활동가들과 자원봉사자들을 폭력적인 상황에 내버려 둔 채 하루 종일 버텼다. 행사 개최 여부를 경찰에게 전적으로 의존했던 어리석은 상황 판단이 낳은 참극이었다. 3차에 걸친 협상은 실패로 돌아갔고 열네 시간여의 대치는 종료되었다. 활동가 여섯 명이 전치 2주 진단을 받고 행사는 무산되었다.

　행사는 무산되었지만, 준비한 음식은 고스란히 남았다. 준비했던 음식만이라도 언니들과 나누고 싶었다. 그날만은 들어가기 싫었던 곳, 슬픔이 맺혀 눈물이 떨어지지 않았던 그곳을 찾았다. 입구에 들어서자 바닥을 흥건히 적신 막걸리 냄새가 온 동네를 뒤덮고 있었다. 나는 길게 심호흡하며 긴장하지 않고, 태연한 척하기 위해 애쓰면서 동네에 들어섰다. 갑자기 50~60명이 우리를 에워쌌다. 순간 긴장감이 몰려왔다. 그들이 나에게 욕설과 삿대질을 했고, 업소 안에 들어간 나는 충초회 회장(칠성파 출신)과 상인연합회 회장에게 간절히 부탁했다. "음식이 많이 남았다. 남은 음식을 여성들과 나누고 싶다. 오늘 안 먹으면 상해서 버려야 하니 음식만이라도 나눌 수 있게 해 달라"고 했다. 그런데 갑자기 상인연합회 회장이 나와 동행한 해어화 회장에게 입에 담기 민망한 욕설을 하기 시작했다. 그 욕은 나에게 하는 것과 다를 바 없었다.

업주들은 술병을 들고 마시고 고함지르면서 위협적인 행동을 했다. 분했다. 하지만 마음을 다스리며 태연하게 차를 탔고, 차에 타는 순간 억제할 수 없어 입에서 나오는 대로 욕을 실컷 했다.

그리고 한 달여를 '눈물의 여왕답게' 계속 울었다. 철저하게 준비하지 못한 나의 무능에 대한 분노, 경찰과 업주들의 약속을 믿은 어리석음에 대한 통곡이었다. 또한 어떤 공간이든 사람들이 자유롭게 왕래할 수 있고, 문화적인 삶을 영위할 권리가 있는 민주주의 사회의 믿음에 대한 배신감이기도 했다.

'언니야 놀자' 행사 무산 이후 경찰서장을 직무유기 혐의로 경찰청에 진정서를 제출했다. 나는 진정인 자격으로 경찰조사를 받았다. 이후 경찰서 내에서 대대적인 인사 이동이 있었다. 행사 관련자들은 다른 지역으로 좌천되거나 부서가 바뀌기도 했지만, 책임지는 사람은 없었다. 진정인 자격으로 조사를 받으러 간 날, 당시 협상에 참여했던 경찰은 나에게 "소장님 그렇게 안 봤는데 이중적이네요" 했고, 나는 "인간은 원래 다중적이에요" 하면서 신경전을 벌였다.

'언니야 놀자'에 대한 무산의 기억을 실어 그해 10월 지역의 문화예술가들과 함께 남포동 BIFF 광장에서 성매매 방지법 1주년 기념문화제 Q&A를 개최했다. 행사 무산으로 주인을 잃은 전시 작품들이 다시 빛을 보게 되었다. 완월동 관계자들은 어김없이 나타나 무대 앞을 오토바이로 가로막거나 부대행사 준비를 저지하는 등 문화제가 끝날 때까지 끊임없이 방해했다. 하지만 이러한 행동은 오히려 사람들의 관심을 유발시켰고, 그들은 비난의 대상이 되었다.

영화제 기간이라 1만여 명의 사람들이 모였고 행사는 성황리에 끝났다. 행사의 마지막을 장식한 것은 대동놀이였다. 전시되었던 종이비행기를 붉은색 대형 천에 담아 하늘 높이 날렸다. 그리고 '뱃놀이' 등의 곡에 맞추어 다 같이 천을 잡고 강강술래를 하면서 돌고 또 돌았고, 소리치고 또 소리쳤다. 그들만의 공간에서 우리들의 공간으로, 폐쇄와 억압의 공간에서 개방과 소통의 공간으로 나온 우리는 해방감을 느낄 수 있었다. 행사에 참여한 언니들은 "저 동네에서 이런 행사를 했다면 얼마나 좋았을까?" 했고 언니의 말이 가슴을 찡하게 울리며 메아리처럼 퍼져 나갔다.

완월동 문화제 '언니야 놀자' 2

행사 무산 후 하루 종일 완월동 관계자들과 대치 상황을 벌였던 활동가와 이 광경을 지켜본 언니, 완월동 업소를 나와 활동가가 된 이들이 자신의 심경을 글로 썼다. 그 내용을 싣는다.

'언니야 놀자' 행사 무산에 부쳐 1

상담소에서 일을 하기 전에 나는 완월동에서 2년이라는 세월 동안을 성매매를 한 여성입니다. 완월동에서 '언니야 놀자'라는 문화행사를 한다는 이야기를 듣고 지금까지 대한민국 국민이지만 국민으로서 대접받지 못했던, 그저 성폭행이나 강간으로부터 우리나라를 지키는 그저 필요악이라고만 생각했는데 이제는 대한민국의 국민이 된다고 생각하니 얼마나 가슴이 뛰었는지 모릅니다.

하지만 행사 당일, 같은 대한민국 안에 살지만 배제되어 버린 우리 언니들의 모습을 보았습니다. 저 또한 완월동이라는 작은 성을 보았고, 제가 완월동에 있을 때 보지 못했던 거대한 벽을 보고 저도 모르게 울고 말았습니다. 그곳의 인권 유린은 언니들에게만 적용되는 것이 아니었습니다. 살림 활동가와 자원봉사자들 또한 인권유린을 당하고, 업주나 상인들의 폭력이나 폭언에도 전혀 움직이지 않고 오히려 수수방관하며 방치하는 경찰들을 보았습니다.

업주들과 대립하는 도중에도 국민을 지키기 위해 있는 경찰은 저지할 생각도 없이 팔짱만 끼고 있었습니다. 상인, 업주들과 반갑게 악수하는 경찰, 우리 쪽으로 와서 상인들의 입장만 전하는 경찰, 하지 말라고 하면 하지 말지 왜 하냐고 묻는 경찰, 일방적으로 맞고 있는 중인데도 사진만 찍는 경찰, 차도 건너편에 숨어서 지켜보는 경찰, 전 몰랐습니다. 우리나라에 이렇게 많은 일을 나뉘어서 하는 경찰이 있는데, 왜 그날 우리를 도와주는 경찰은 없었는지, 아니면 안 도와준 건지는 저는 잘 모르겠습니다.

상인들 또한 언니들을 위한다고 입에 침이 마르게 말을 합니다. 하지만 정작 위한다고 해 준 게 무엇인지? 외상으로 물건을 준 걸 말하나? 난 도저히 언니들을 위해 해 준 것이 무엇인지 모르겠고 그 상인들이 지금까지 번 돈은 어디로 갔는지, 성매매 방지법이 시행된 지 1년도 안 된 지금 상인들이나 업주들이 빚이 수천만 원이라는 말이 이해가 되지 않습니다. 이곳에서 10년 넘게 장사하면서 돈을 많이 벌었기 때문에 지금까지 장사를 하고 있지 돈을 못 벌었다면 떠났지 남아 있다는 것이 이해가 되지 않습니다.

한 상인은 자기는 여기에서 장사를 해서 자기 딸은 미국 노스캐롤라이나로 유학을 보냈다고 말하더군요. 언니들을 위해 단 하루, 사심 없이 축제만 생각하고 즐기게 놓아 두면 안 되는 건지 도저히 이해할 수 없었습니다. 완월동이라는 곳은 대한민국이 아니고, 완월민국이었습니다. 대한민국 안에 있는 또 다른 국가였습니다.

언니들은 상인들이 자신들을 이렇게 천대하는 줄 알고 있을까요? 나 또한 완월동에 있었으면 몰랐을 겁니다. 그들이 그렇게까지 우리를 멸시하는지….

'언니야 놀자' 행사 무산에 부쳐 2

(상략) 행사가 무산될 위기에 있을 즈음 언니들은 완월동 안에서 활동가들에게 수없이 많은 전화와 만남을 통하여 자신들의 입장을 전했습니다. "우리도 같이 시위를 해야 한다"라고 하면서 "우리를 위해서 잔치 한번 열어주겠다는데, 상인들이 왜 반대하냐? 우리가 옛날에 그렇게 착취당하고 어려울 때 업주들 편에 서서 우리한테 피 빨아 먹었던 인간들이 이제 와서 왜 우리를 위한다고 저러냐?" 하였습니다.

그러나 아직 완월동의 현실은 힘센 업주들과 상인들에 비하여 가장 많은 숫자이면서 가장 큰 피해자인 언니들이 목소리를 내기에는 너무나 높은 성벽이었습니다. 이는 성매매 현장이 여성들의 목소리를 배제하고 억압하는 곳이라는 것을 또 한 번 보여주는 권력구조의 모습이었습니다. 완월동이라는 곳은 대한민국 중에서도 매우 성역화된 곳으로, 정해진 이들(성구매 자와 착취자)을 빼고는 진입하기 어려운 곳이었습니다.

행사 장소는 중요하지 않을 수도 있습니다. 그러나 이 행사 는 '공간'의 문제가 가장 중요한 행사였습니다. 언니들이 살 고 있는데도, 언니들이 허락했는데도 들어갈 수 없는 공간…. 그 공간을 버리기 싫었습니다. 그 공간을 버리면 언니들을 버 린다는 생각이 들었습니다. 업주들과 상인들이 건재한 그곳에 그냥 언니들을 두고 나온다는 것이 마음에 걸려 끝까지 그곳 에서 행사를 하고 싶었습니다. (하략)

'언니야 놀자' 행사 무산에 부쳐 3

성매매 문제를 고민하고 완월동에 대해서 알기 시작한 때부 터 언니들과 함께하고 싶었던 완월동 문화축제는 결국 상인과 일부 업주의 결탁, 경찰의 방관과 비호 아래 무산되었다.

세상이 얼마나 잔인한지, 자신의 이익을 위해서는 어떠한 짓 도 할 수 있다는 것을 극명하게 보여준 사건이었다. 한 인간이 철저히 세상과 격리된 채 자신의 몸을 팔아 착취자를 먹여 살 리면서도 자신들을 위한 행사에 말 한마디 하지 못하고 침묵 해야 하는 현실을 보았다. 자신의 몸을 팔아가면서 가족뿐만 아니라 거머리처럼 붙어 언니들의 피를 빨아먹는 사람들까지 먹여 살려야 하는 언니들. 그러나 그들을 아무도 인정해 주지 않고 오히려 비난받아야 하는 현실이 참담하기만 하다. 불법적인 행위를 하는 업주들은 나설 수 없었기에 그들은 합법적이라고 주장하는 상인들을 뒤에서 철저히 조종했다. (중략)

살림은 완월동에서 성매매를 하고 있는 언니들의 전폭적인 지지 아래 업소에서 힘든 상황을 하루라도 잊어보자는 차원이었다. 하지만 불순한 세력들에 의해 행사 취지가 왜곡되었고, 치밀한 계획 없이 행사를 준비한 살림이 순진하게 당할 수밖에 없었다.

사람들은 세상에 정의는 살아 있고 모든 인간은 선하게 태어났다고 말한다. 하지만 이곳에서 자신의 이익 앞에서는 어떠한 상황도 눈감아 버리는 현실을 보았다. 언니들에게 더 많은 상처를 안긴 것 같아서 죄송할 따름이다.

업주들, 국민 감사를 청구하다

집결지 자활지원 사업은 2004년 성매매 특별법 제정과 시행에 따라 집결지 여성들이 정부에 생존권을 요구했고 정부가 이를 받아들이면서 시행되었다. 이 사업은 성매매업소에 현장 단체들이 직접 찾아가 여성들을 만나 직업·건강·법률 등에 대한 정보를 제공한다. 동시에 여성들과 친밀감을 형성하고, 이런 친밀감을 바탕으로 여성들이 탈업소하여 다른 직업을 가질 수 있는 기회를 제공한다. 또한, 성매매가 불법인 상황에서도 성매매를 버젓이 드러내는 상황을 방치하고 있음을 상징적으로 보여주는 곳이 성매매 집결지이므로, 법의 실효성을 높이기 위해 여성들에 대한 지원과 아울러 집결지 폐쇄를 목적으로 했다.

2007년은 집결지 여성들에 대한 지원과 집결지 폐쇄 유예기간이 끝나는 해였다. 그해 초부터 정부는 집결지 정비·폐쇄 촉진을 위한 다각적인 계획 수립에 들어갔다. ○○○ 국무총리 지명자는 '성매매 업주들과 건물주들이 보상금과 개발이익을 요구하는 것'에 대해 '반대' 입장을 밝혔다. 그러면서 '업주와 건물주에 대한 단속과 처벌을 강화하고 이들에 대한 처벌 시 범죄 수익을 몰수·추징해야 해야 한다'고 했다. ○○○ 국회의원도 '업주와 건물주에 대한 단속과 처벌을 강화하고, 이들에 대한 처벌 시 범죄 이익을 몰수·추징해야 한다'라고 했다.

집결지 폐쇄·정비 관련 관계자들의 입장이 나오면서 현장 단체들도 구체적인 행동에 들어갔다. 성매매가 생긴 이래 무의 존재로 살았던 그들, 소외된 삶의 공간에서 몸으로 다른 사람들을 먹여 살렸던, 자신만의 아픔을 오롯이 안고 살아가는, 삶의 공간이자 아픔의 공간인 집결지가 폐쇄되면 언니들은 갈 곳이 없어진다. 언니들이 아무런 보상없이 쫓겨나는 것을 지켜볼 수만은 없었다.

그래서 우리는 건물주, 토지주, 업주들이 불법 성매매로 벌어들인 불법 수익을 몰수·추징하는 근거를 마련하기 위해 부산, 대구, 광주 등 전국 10개 지역 성매매 집결지 건물주, 토지 소유주, 업주들을 '성매매 알선 등 행위의 처벌에 관한 법률 위반'으로 고발했다.

고발장을 접수하고 부산과 대구지역 경찰서에서 조사를 받았다. 경찰은 '성매매 행위를 특정할 수 있는 증거'를 계속 요구했다. 나는 상담 사례와 동네에서 목격했던 호객행위 장면, 승합차나 관광버스가 단체로 드나들었던 장면, 성구매자가 업소에 들어가는 상황에 대해 구체적으로 진술했다. 또한 성매매 집결지가 통상적으로 성매매가 이루어지는 장소란 것은 누구나 다 아는 일이라고 했다. 하지만 경찰은 개별 업소별로 성매매가 특정되지 않으면 처벌은 불가능하다고 했다.

현장에 출동하여 수사하는 것보다는 진술에 의존하는 경찰의 무성의한 태도에 불타올랐던 열정은 차츰 식어갔다. 몇 개월이 지나자 결정통지문이 무더기로 왔다. 대부분 '각하'(행정법상에서 국가기관에 대한 행정상 신청을 받아들이지 않는 처분)나 '불기소 처분'(검사가 일정한 경우에 기소를 제기하지 않는 것)이었다. 가지고 있던 증거를 모두 제출했지만 결과는 참담했다.

고발인으로 경찰 조사를 받고 결과를 하나씩 받을 때쯤 지인으로부터 당혹스러운 이야기를 듣게 되었다. "업주들이 집결지 업주·건물주들에 대한 공동 고발에 대응하여 감사원에 국민 감사 청구를 준비 중이며, 아마 살림을 주된 표적으로 하는 것 같더라. 몸조심 해라" 했다. 업주들은 현장 단체에 타격을 주기 위해 전국 단위의 업주들을 조직하고 언니들에게 진술서를 받는 등의 반격을 준비했고, 2008년 4월 3일 그 실체가 드러났다.

○○○ 외 613명은 집결지 자활지원 사업에 대해 감사원에 국민 감사를 청구하였다. 청구 요지는 "집결지 자활지원 사업 수행 단체들이 실적을 부풀리기 위하여 대상자가 아닌 자에게 생계비를 지급하고 회수한 지원비를 부당한 방법으로 사용"했다는 내용이었다.

국민감사 청구서에는 여섯 명의 진술서가 첨부되어 있었는데, 모두 완월동 언니들이었다. 언니들에게 진술서를 보여주자 자신들은 쓴 적이 없다며 놀랐다. 다만 ○○장 업주가 생계비를 지원받은 사실이 있느냐고 물었고, 있다고 했더니 사인하라고 해서 했고, 내용은 보여주지 않아서 모르겠다고 했다. 게다가 여섯 명

중 한 명은 한글을 모르는 언니였다. 언니들이 진술서를 정확히 읽은 것도 아니었기에 그들 탓을 할 수도 없었다.

본감사 전에 예비감사가 나왔고 1박 2일의 예비감사에서는 문제될 것이 없었다. 본감사는 진행하지 않을 것이라는 정보가 완월동 업주들에게 흘러갔다. 업주들은 KBS 9시 뉴스에 이 사실을 제보했고, KBS 기자가 취재하러 왔다. 기자는 업주들에게 들은 잘못된 정보로 언니들이 쓴 진술서의 사실관계를 나에게 물었다. 나는 잘못된 사실관계를 바로잡아 주었다. 하지만 나의 말은 듣지 않은 채 업주들의 주장만 편집해서 방송에 내보냈고 이런 악의적인 방송으로 인해 감사를 받게 되었다.

전국의 성매매 관련 단체들이 국회 기자회견을 하고, KBS와 감사원을 항의 방문했다. 우리는 청구인 613인의 주소지를 근거로 청구인들이 이해 당사자이기 때문에 국민감사 청구를 할 수 없다며 감사의 부당성을 지적했다. 그리고 감사가 실시되면, 투명한 감사와 더불어 이번 감사로 인해 집결지 자활지원 사업의 정당성이 훼손되지 않고 사업 수행 단체들을 위축시키는 일은 없어야 한다는 취지로 의견을 전달했다.

잘못한 것이 없기 때문에 문제될 게 없다고 생각했다. 오히려 이번 기회에 지역사회에서 떠돌고 있는 루머들을 말끔히 정리하고, 전화위복의 기회로 삼자는 다짐들이 활동가들 사이에서 이어졌다. 그동안 "살림 소장 돈 빼돌려 집 샀다", "BMW 타고 다닌다", "활동가들 월급이 수백만 원이다" 등 온갖 확인되지 않은 루머에 시달렸었다. 감사가 끝나고 안 사실이지만 공무원들도 업주들이 퍼트린 루머를 사실로 받아들이고 있었다.

몸을 아끼지 않는 활동가들과 감사원 관계자들의 집결지 자활지원사업의 효과성에 관한 치열한 설전은 감사를 받는 동안 계속되었고, 사안마다 사사건건 충돌하였다. 활동가들은 자신의 열정에 대한 나름의 소신과 믿음이 있었고, 그 힘으로 일했다. 그런데 감사원이 현장의 특수성을 인정하지 않고 사무적이고, 일반론적으로 업무를 처리하는 것을 용납할 수 없었다.

9월쯤 감사 결정문이 왔고, 결정문을 본 구청 관계자는 "정말 고생했다, 나도 감사원 감사 받아서 아는데 이 정도면 정말 잘했다"고 했다. 감사 결정문에는 성매매 피해자 등에 대한 의료비용 지원 관련 규정에 대한 지적과 앞으로 성매매 집결지 자활지원사업에 대한 지도 감독을 철저히 하라는 내용 외에 어떤 언급도 없었다.

성매매 집결지역 공동 고발로부터 시작된 업소 관계자들과의 대립은 그들의 국민감사 청구로 그 정점을 찍었다. 그리고 전국에서 언니들 지원을 가장 많이 했던 살림은 그들의 주된 공격 대상이었다. 우린 업주들에게 세게 당했다. 하지만 지역사회에 만연하게 퍼져 있던 살림에 대한 '악의적인 루머'는 말끔히 정리되었다.

집결지에 문화와 인권을 심다

'한반도 최초의 유곽'인 성매매 집결지 완월동. 부산의 옛 중심지인 원도심에 100년이 넘는 역사를 고스란히 간직한 채 지금도 변함없이 자리 잡고 있다. 번화가인 자갈치시장, 남포동과 무척 가까운 곳에 있고, 사람들도 왕래하기에 좋은 곳이지만 '성매매'가 이루어지는 곳이라는 공간적 특성 때문에 접근에 제약이 따른다. 여성들이 많이 사는 곳인데도 여성들이 드나들기 쉽지 않다. '초저녁에 여자들이 업소 문턱을 넘으면 재수 없다'며 소금을 뿌리는 등 여성에 대한 '터부'가 강하게 자리 잡고 있는 곳이다. 또한 상당수의 남성들도 심리적으로 접근하기 힘든 곳이다. 이곳에 출입한다는 것은 곧 '성구매 하는 사람'으로 인식될 수 있기 때문이다.

실제적인 터부와 심리적 거리가 엄연히 존재하는 도시 속의 '섬', 보이지 않는 성벽으로 둘러싸인 이곳에 다가가기 위해 우리는 부단히 노력했다. 직접 삶은 계란 몇백 개를 들고 골목길을 오르락내리락하고, 추운 겨울날 길가에 앉아 언니들과 도란도란 하늘의 별을 세고, 긴급 구조요청을 한 언니를 데리러 업소에 들어가기도 하고, 주변 상인들이나 업소 관계자들과 반목과 갈등하며 접점을 찾아가기도 했다. 완월동을 향했던 무수한 발길 속에서 어느 날 문득 이곳에 사는 여성들과 함께 그 '동네'가 보였다. 동네라기엔 너무 삭막했다. 5~6층짜리 여관 형태의 건물과 구획 지어진 골목. 낮에는 스산했고 밤에는 붉은 불빛이 전부였다. 그곳에 살고 있는 여성들이 즐길 수 있는 것이라곤 없었다. 이곳에 하루만이라도 사람들이 함께 어울려 즐길 수 있는 따뜻한 문화행사를 하자는 취지에서 2005년 '언니야 놀자' 문화축제를 기획했으나 결국 무산되었다. 완월동은 완고하게 그 자리를 지키고 있었다.

그러는 동안에 부산을 비롯한 전국의 성매매 집결지에서 조금씩 변화가 일어났다. 물론, 개발로 인해 흔적도 없이 사라진 곳도 있었다. 그러나 한편에서는 국가가 방치하고 묵인한 어두운 역사를 가지고 있고, 여성인권의 현주소를 적나라하게 보여 주는 이곳을 기억하고 기록하며 보존해야 한다는 목소리가 여성단체와 시민사회를 중심으로 꾸준히 나왔다.

전주 '선미촌' 성매매 집결지는 2014년부터 민관 협의회를 발족하여 시민단체, 지자체와 마을 주민들이 함께 꾸준히 선미촌의 변화에 대한 이야기를 해 왔다. 2016년에는 선미촌 폐공가에서 의자와 물건을 수집하여 세상과 소통하는 〈아주 오래된 의자〉 전시회를 열기도 했다. '선미촌을 다시 태어나게 한다'는 의미인 리본(re-born) 프로젝트는 전주시에서 매입한 성매매 업소 안에서 여성인권 비엔날레 전시회를 열어 나가고 있다. 대구의 성매매 집결지 '자갈마당'은 〈자갈마당 기억변신 프로젝트〉를 통해 작가들의 작품과 여성들의 목소리를 담은 전시회를 개최했다. 이후 기억 공간 조성을 통해 자갈마당을 어떤 방식으로 기록하고 기억해야 하는지에 대한 꾸준한 이야기들을 모으고 있다.

이런 활동은 성매매 집결지를 그곳에 살아가는 여성들만의 문제 혹은 활동가들만의 고민으로 남겨두지 않고 더 많은 사람들이 그 '공간'을 생각하게끔 했다는 데 의미가 있다. 무엇보다 예술인들의 동참은 사람들에게 많은 울림을 주었다. 2005년 100여 명의 예술인들과 함께 기획했던 '언니야 놀자'가 무산된 후, 살림은 남포동 시내에서 성매매 방지법 1주년 기념 문화제를 열었고, 그 이후에도 다큐멘터리 제작 등 예술가들과의 크고 작은 교류들을 계속 맺어 왔다. 이러한 인연들이 모여 10년이 지난 2015년에는 부산지역 예술인과 여러 네트워크와 함께 완월동을 기억하고 기록하는 '완생' 프로젝트를 진행했다. '완생'은 '완월동을 다시 생각한다'라는 뜻이다. 혹은 완월동을 다시 살린다는 의미를 담고 있기도 하다. 언젠가는 완월동도 '미생'에서 '완생'으로 이어지기를 바라는 마음 또한 담겨 있다.

이 작업은 완월동을 예술과 여성인권의 관점에서 조명했다는 점에서 의미가 있었다. 완월동에 대한 고민과 이야기들을 세상의 많은 사람들에게 전달했던 '완월동 편지', 사람들과 완월동이라는 공간을 걸으며 나눈 이야기를 담은 '주간 불현듯', 언니들이 키우는 반려동물의 이야기에 공감하며 동물과의 교감을 담은 '기대고 또 기대고', 언니들의 곁에서 언니의 모습을 담은 '곁' 사진전, 완월동에 대한 여러 이슈와 고민들을 담은 '완겨레' 등 여러 작품들이 전시되었고, 전시를 보러 온 사람들이 완월동을 새롭게 만났다. '완생' 프로젝트는 한 번의 전시와 오픈 마이크 행사로 끝이 났지만, 예술가, 작가, 부산의 여러 네트워크와의 만남은 조금씩 이어지고 있다. 여러 사람들의 마음이 모여 완월동을 여성인권의 허브로 예술과 문화의 관점에서 복원하고 기념할 수 있는 곳으로 만들어 갔으면 좋겠다.

그러고 보면 완월동에는 여전히 아직 세상에 펼쳐 내지 못한 이야기들이 많다. 사람들이 종종 완월동을 여성인권의 문제로 생각해 보기 위해 이곳을 찾아오고, 활동가들과 함께 '완월동 걷기'를 진행하기도 한다. 완월동에서 성매매 여성으로 살았던 언니가 최근 지역 활동가들과 함께 완월동 걷기를 했다. 그는 나에게 완월동이 "돌아보기에 버겁지만 내가 열심히 살아왔던 증거가 되는 곳이다. 그곳이 없어지면 내 삶의 증거가 없어지고 내가 기억할 수 있는 공간이 없어진다. 그러면 그 공허함을 견디기 힘들 것 같다"고 했다. "어둠의 역사는 역사대로 기쁨의 역사는 역사대로 기억하는 공간이었으면 좋겠다"고도 했다. 역시나 그곳은 여성들의 삶이 고스란히 묻어 있는 곳이자 인권유린의 역사가 있는 곳이다. 이런 아픈 역사를 그냥 삭제하거나 덮어버리지 않고, 잘 보존하길 바란다. 언니들의 기억이 있고 삶이 있는 곳, 성매매가 아니더라도, 그곳을 떠나지 않더라도 언니들이 다른 삶을 살수 있는 공간으로 만들어 보면 좋겠다. 이러한 변화에 대한 책임은, 그곳을 내버려둔 국가와 지자체에 있다. 국가와 지자체는 과거의 과오에 대한 책임 의식을 가지고 집결지 문제에 적극적으로 나서야 할 것이다.

3부

낙인: 편견에 맞서다

낙인이 간판을 바꾸다

언니들은 병원을 가든, 커피숍에서 커피를 마시든, 식당에서 밥을 먹든, 언제 어디를 가더라도 주변 사람들의 시선에 신경을 썼다. "누가 나를 알아보는 것 같다", "자꾸 나를 쳐다보는 것 같다", "들킬 것 같다"라는 말을 계속했다. 성매매 여성이었다는 과거가 언니들의 현재 삶을 옥죄고 억누르며, 정신과 몸 구석구석에 스며들어 무의식중에 몸과 마음을 조여 왔다.

언니들에게 찍힌 낙인은 언제 어디를 가든지 그들만이 겪게 되는 상처다. 몸의 상처는 병원에 가서 치료하고 세월이 흐르면 낫지만, 언니들의 상처는 약을 바르면 바를수록 덧나고 덧나서 그들을 괴롭힌다. 어쩌다 상처가 곪아서 터지면 옛날로 다시 돌아가 세상의 모든 것과 단절하고 생을 마감하기도 한다. 성매매를 했었던 여자라는 낙인은 일생 동안 그 굴레를 벗어나지 못하게 하는 삶의 그늘이자 그림자다.

언니들은 '성매매' 단어가 들어가는 우리 단체 이름을 내켜 하지 않았다. 특히 성매매란 용어를 부담스러워했고, 지원받는 것을 꺼렸으며, 아예 연락을 끊어 버리는 경우도 있었다. 활동가들의 순간의 실수가 엄청난 결과를 초래하기도 했고, 언니들과 쌓아온 신뢰가 한순간에 무너지기도 했다.

살림 외의 공간으로 언니들과 이동할 때 활동가들의 긴장감과 불안감은 극에 달했다. 특히 병원이나 학원에서 활동가들이 언니를 대신하여 병원비를 지불하면, 호기심 많은 직원들이 자꾸 물었다. "무엇을 하는 곳인데 본인이 하지 않고 대신 결제해 주느냐? 어디서 왔느냐?" 등등. 직원들의 질문이 길어질수록 언니들은 그들의 시선을 피했다. 활동가는 언니가 상처받는 말을 듣지 않게 하기 위해 최대한 조용히 상황을 설명했다. 그 사이 언니들의 몸은 한껏 움츠러들어 어느새 보이지 않았다. 이럴 때면 활동가는 그들의 사회복지사·이모·동생·언니 등이 되기도 했다.

이렇게 살얼음판을 걸으면서 차곡차곡 신뢰를 쌓아 가던 도중 자활지원센터가 생겼고 언니들은 이곳에서 일하기 시작했다. 언니들이 정부의 지원을 받아 육체적, 정신적으로 안전한 공간에서 일하고 돈을 번다는 것은 정말 기쁜 일이었다. 하지만 평소 출근도 잘하고 성실하던 언니들도 가끔씩 출근길에 마주치는 사람들의 시선들로 인해 "정신병이 생기는 것 같다. 거짓말 안 보태고 버스를 타도 택시를 타도 다 나만 쳐다보는 것 같고, 자기들끼리 웃는데도 나를 비웃는 것 같다"라며 불안을 호소했다. 단체 이름 때문에 홈페이지와 자활지원센터의 블로그를 연계할 수 없었고, 이로 인해 홈페이지를 통해 그들이 만든 물품을 판매한다는 것이 불가능했다. 또한 강의나 바자회 등 언니들이 나가는 모든 행사도 마찬가지였다. 초기에는 활동 목적을 분명히 하기 위해 작명한 이름이 어느 순간 언니들에게 족쇄가 되었다. 최대한 조심했지만 언니들이 인턴십으로 나간 시설이나 바자회 등에서 정체가 탄로 나기도 했다. 하지만 해당 기관들의 배려로 언니들에게 직접 상처 주는 일은 거의 일어나지 않았다.

언니들은 자활지원센터에서 열심히 기술을 연마하는 등의 노력 끝에 일자리 사업에 선정되어 월급을 받기 시작했다. 정부기관에서 제공하는 일자리였기 때문에 언니들이 4대 보험에 가입해야 했다. 우린 아무런 고민 없이 가입했고 얼마 지나지 않아 건강보험증이 나왔다. '성매매피해여성지원센터 살림'이라는 이름이 보험증에 적혀 있었다. 건강보험증이 나오던 날, 그것을 펼쳐본 언니들의 안색이 단풍잎처럼 울긋불긋, 은행잎처럼 노랗기를 반복했다. "이게 뭐꼬 우리보고 이거 들고 가라니 말이 되냐?"라면서 격렬하게 항의하고 불만을 토로했다. 건강보험증을 만지작거리기만 할 뿐 말없이 창밖을 멍하니 보는 언니도 있었다. 언니들이 불편하고 불안하다며 계속 문제 제기를 했음에도 무심코 넘어갔던 것이 현실이 되어 폭풍처럼 다가왔다.

그리고 며칠 지났을 때 "어제 병원 갔는데 간호사가 이거(건강보험증) 보고 내 보고 계속 쳐다봐서 그냥 왔다, 병원비를 내가 다 내면 냈지 이거 안 들고 간다, 집에 놔두면 누가 볼까 무서워서 여기 두고 갈란다"라며 건강보험증을 놓고 갔다.

업소에서 나온 지 제법 오래되었는데도 성매매를 했다는 사실이 심각한 트라우마로 남아 있었던 것이다. 결국 단체명을 바꾸었다. 일련의 사태를 겪으면서 업소에 나왔던, 업소에 있던, 언니들의 삶에 그들에게 작동하고 있는 낙인이 각인되고 스며들어 남겨져 있다는 것을 다시 한 번 뼈저리게 느꼈다.

단체 이름을 바꾼다고 낙인의 문제가 완전히 해결되리라고는 생각하지 않는다. 하지만 언니들의 불안을 조금이라도 해소할 수 있고, 다른 곳에서 떳떳하게 의료보험증을 내밀었으면 좋겠다는 마음이었다.

업소에서 일했다는 이유로 '강제로' 이혼당하고 딸과는 생이별

        법은 모든 이들에게 평등하게 적용되어야 하지만, 현실에서는 그렇지 않은 경우도 많다. 언니들이 업소에서 나오면 법적인 문제, 사회적인 낙인·편견, 건강 악화, 생존권, 사회적 관계망 단절 등으로 인해 아무도 관심을 가져주지 않은 외로운 싸움을 시작해야 한다.

  성매매 피해에 대해 부당한 사실이 있을 경우에는 업소 관련자의 고소·고발 여부를 결정하고, 고소를 진행하면 활동가와 함께 피해 사실에 대한 구체적인 진술서를 작성한다. 언니들이 업소 관계자들로부터 협박을 받는 등 긴급하게 대응해야 하는 일이 생기면 경찰서를 직접 방문하거나, 인지사건으로 수사를 빨리 진행해 달라고 요청한다. 인지사건으로 수사를 요청하면 대부분의 경찰들은 "피해 사실은 있는 것 같다. 그런데 입증하기 어렵겠다. 고소장을 접수하라"라며 거절했다. 하지만 고소장을 접수하면 접수 기간과 수사 기간이 법적으로 정해져 있고, 대체로 수사관 한 명이 사건 당사자를 불러서 조사를 하기 때문에 시간이 오래 걸린다. 수사관이 직접 뛰어다니면서 증거를 수집한다기보다는 사건당사자를 불러 조서를 작성하는 방식이기 때문에 증거 확보는 물론 피해도 입증하기 어렵다.

당시 지방경찰청마다 있었던 여경기동대(이하 여기대)는 기동성과 현장성이 있었다. 여기대는 사건 관련자들을 현장에서 검거하고, 증거를 직접 확보한다. 때문에 증거확보가 어려운 여성들에게는 꼭 필요한 조직이었다. 우리는 고소장보다는 진술서를 작성하여 직접 수사를 의뢰하는 방식으로 여기대 장점을 최대한 활용했다.

지금은 지방경찰청에 성매매 사건을 직접 수사하는 여기대가 없어졌다. 하지만 2004년에는 경찰청이 범죄수사 규칙을 개정해 성폭력·성매매 사건 피해자가 요청하면 여경이 조사 입회하도록 하는 '여경조사 신청권'이 있어서, 성매매 여성들이 조금은 유리하고 편안한 환경에서 조사를 받을 수 있었다. 아래는 여기대와 함께 언니를 지원했던 사례다.

언니는 부산의 B 나이트클럽에서 일했다. 업소 규모도 엄청나서, 지역에서 알 만한 사람들은 다 아는 곳이었다. 그곳 업주를 고소하기 위해 경찰서를 찾았다. 하지만 고소장을 본 경찰관은 "나이트클럽은 성매매업소가 아니다. 선불금 퉁치려고 하는 것 아닌가? 아무런 근거도 없이 업소를 조사할 수는 없다"라고 했다. 처음 찾아간 곳에서 거절당한 이후 여러 경찰서를 찾아갔으나 모두 거절당했다.

난감했다. 이곳에서는 업주를 고소하기가 힘들겠다고 판단을 했다. 그래서 부산 인근 지방경찰청 여기대를 찾았다. 그런데 뜻밖에 호의적인 반응이 돌아왔다. 경찰관은 "사건 되겠다. 한번 해 보자"라고 했다. 활동가와 언니는 그날 바로 경찰과 함께 증거 확보 작업을 시작했다. 일단 진술서를 쓰면서 언니와 2차를 나 갔던 성구매자의 인상착의, 업소 내부 구조, 2차 나가는 모텔 내부 구조, 모텔로 가는 길 등을 상세하게 그림으로 그렸다. 그리고 저녁 늦게 경찰들과 함께 탐문수사를 위해 해당 지역으로 갔다. 탐문수사가 시작되었다. 활동가와 언니는 차 안에 있었고, 경찰들은 먼저 업소 위치와 영업 형태 파악을 위해 손님으로 위장해서 업소에 들어갔다. 그리고 잠시 후 활동가도 추라이(여성들이 업소에서 일하기 위해 업소 관계자와 면접 보는 것)를 보러 들어갔다. 핵심은 '2차(성매매)를 나가는지'의 여부였다. 2차 비용에 대한 이야기가 나왔기 때문에 증거는 확보되었다. 경찰은 "부족한 부분이 있으니 좀 더 조사 해 보자, 내일부터 관련자를 불러서 조사할 테니 일단 돌아가라" 했다. 사건은 순조롭게 진행되는 듯했다. 그런데 어느 날 경찰에게서 잠깐 만나자는 연락이 왔다. 조사실에 들어서니 담당 형사가 심각하게 말했다. "위에서 압력이 장난이 아니다, 너무 심하다, 내가 이 자리에서 밀려날 판이다. 내사로 종결해야겠다. 정말 미안하다"라고 하면서 심각하고 솔직하게 말했다. 우리는 잠시 멍해졌다. 내사종결은 그렇다 치더라도 경찰이 이렇게 솔직하게 털어놓다니, 우리를 어떻게 보고 이런 진심 어린 막말을 하는 것일까?

말하지 않고 '내사종결'하면 그만인데, '솔직히' 말하는 담당

조사관에게 "정말 힘들겠다, 솔직하게 말해 주어서 고맙다"라면서 인사하고 나왔다. 경찰청에 진정서를 써야 할지, 사건을 어떻게 진행할지에 대해 언니와 심각하게 고민했다. 언니는 "지금까지 너무 힘들었다. 다시 그 과정을 밟고 싶지 않다, 다른 방법이 없냐?"라고 물었다. 경찰청에 해당 사건을 고소하고 진정하는 것보다, 업주에게 민사소송을 진행하기로 했다. 민사소송은 경찰서에 가서 조사를 받는다든지 자신의 피해 상황을 일일이 진술할 필요 없이, 피해자가 피해 상황을 소장 형식으로 작성하여 법원에 제출하면 되기 때문에 심적 부담이 형사 사건보다는 덜했다.

룸살롱이나 나이트클럽은 거의 대부분 선불금을 업주가 직접 주지 않고, 제2금융권이나 업주와 안면이 있는 사채업자들이 업소 여성들에게 직접 빌려주는 방식을 취한다. 이들 금융기관들은 실적을 위해 업소 여성들의 몸을 담보로 대출해 주고 보증은 같은 업소에서 일하는 여성들이나, 멤버(업소에서 마담과 여성들을 관리하는 사람)와 마담이 선다. 우리는 언니가 업소를 나오던 시기에 같이 일했던 여성, 같은 업소에서 일했던 여성 중 상담소에서 상담한 사례, 다른 지역 상담소에서 상담한 여성들 중 같은 업소에서 일했던 사례, 업주·마담·멤버·전주 등에 대한 자료를 수집했다. 변호사 사무실은 유사업소의 관련 판례, 제2금융권 관련 판례, 활동가들의 상담 확인서를 제출받는 등 증거 확보를 위해 불철주야로 뛰었다. 다행히 같은 업소에서 일했고 같은 멤버에게 피해를 입은 여성들이 있어서 증거를 확보하는 데 무리가 없었다. 증거를 확보한 우리는 채무부존재소송과 손해배상청구소송을 진행했다. 민사소송은 2년여 동안 이어졌다. 길고 긴 싸움 끝에 법원은 언니의 채무가 없다고 했다. 업주와 전주는 언니에게 피해배상을 하라는 판결을 내렸다.

민사소송이 진행되는 와중에 언니는 검정고시에 합격했고, 취직하기 위해 직업교육을 열심히 받았다. 그리고 몇 년 후 결혼했다. 그런데 또 다른 문제가 생겼다. 언니는 결혼하고, 혼인신고를 위해 말소된 주민등록을 회복했다. 주민등록이 회복되는 순간 몇 년 동안 기다리고 있던 전주들이 돈 갚으라는 내용증명을 언니 집에 보내기 시작했다. 이에 응하지 않자 "업소에서 일한 것 시댁에 다 이야기하겠다. 어디 사는지 안다. 니 남편 어디서 일하는지도 다 안다"라고 협박했다. 언니는 협박에 못 이겨 알지도 못하는 채무까지 일수를 내어서 갚기 시작했으나, 더 이상 갚을 수 없는 지경에 이르렀다. 그때 임신한 상태였고, 언니는 친정집에서 아이를 낳았다. 아이를 친정집에 데리고 가끔씩 왔던 그의 연락이 갑자기 끊겼다. 한참 후 연락이 왔는데, 사채업자들이 시댁에 찾아가 언니가 술집에서 일했다는 것을 말했다고 했다. 그래서 갓 태어난 딸을 시댁에 빼앗기고 쫓겨났다. 그는 부산에 있으면 딸이 보고 싶어 견딜 수 없어서 다른 지역으로 간다고 했다. 언니는 결혼해서 행복하게 잘살고 있었는데, 업소에서 일했다는 이유로 '강제로' 이혼당하고 딸과는 생이별했다.

소소하고 일상적인 질문들

언니들은 이동 수단으로 택시를 자주 이용했다. 성매매만 하는 장소의 대부분은 업소에서 숙식이 해결되고, 낮과 밤이 바뀐 생활로 인해 외출할 기회가 거의 없다. 외출한다 해도 업소에서 오랫동안 일했거나 업주의 전적인 신뢰가 없으면 감시자가 항상 뒤따랐다. 또한 업소에서 성구매자로 만나 안면이 있는 사람을 버스나 지하철에서 만날 수 있다는 막연한 두려움을 가지고 있었다. 이런 상황 때문에 언니들은 대중교통을 이용하기 힘들어했고, 설령 이용하더라도 두려움에 떨어야 했다.

하루도 거르지 않고 매일 아침 살림에 출근하는 언니가 있었다. 새벽까지 성구매자를 받고 퉁퉁 부은 눈과 부스스한 머리로 활동가들이 출근할 때쯤 불쑥 나타났다. 활동가들이 "우와 어찌 이리 빨리 왔어요? 걸어오기에 힘들지 않아요?" 하면 "택시 타고 왔으니 택시비 내놔라" 했다. 활동가가 "언니, 걸어오면 10분이고 버스도 있는데 비싸게 왜 택시 타고 다녀요?"라고 하면 언니는 "버스 어디서 타는데? 요금은 얼만데? 한 번도 안 타봤다"라고 대답했다. "그러면 다음부터 걸어오세요, 저 동네에서 여기까

지 거리도 얼마 안 되는데, 아침 운동하기도 좋아요" 했고, 언니
는 "아침 운동은 무슨, 새벽까지 일했는데 피곤하다. 그리고 이리
로 오는 길도 잘 모른다. 사람들이 다니는 길이 싫다. 꼭 나만 쳐
다보는 것 같기도 하고" 하면서 들으려 하지 않았다. 그냥 싫다
고 했다.

언니는 "걸어오다 내가 저 동네에서 알게 된 사람을 마주칠 수
도 있고, 나는 택시가 편하다, 기본 요금밖에 안 나온다"라면서
택시비 달라고 막무가내였다. 걸어서 얼마 안 되는 거리고 버스
로도 두 정류장밖에 안 되는데 왜 택시를 타지? 싶었지만, 사람
을 만나는 것이 두려웠던 것이다.

언니들에게 택시비를 주는 것이 해결책이 아니라고 생각했다.
때문에 그들이 스스로 대중교통을 이용할 수 있는 환경을 만들
어 가기로 했다. 언니들이 학원과 병원 등을 이용할 때는 활동가
가 동행했다. 그리고 버스비 지불방법이나 교통카드 사용방법
등을 말과 행동으로 보여주었다. 언니들은 카드로 교통비를 결
제하는 것을 신기한 눈으로 바라봤다.

이러는 가운데서도 활동가와 언니 간에 '무엇을 타고 이동할
것인가?'에 대한 실랑이는 계속되었다. 하지만 시간이 갈수록 가
까운 거리는 걸어 다니거나, 교통카드를 구입하고, 대중교통을
이용하는 언니들이 늘기 시작했다. 이런 활동들을 재미있어하고
신기해하던 언니들도 가끔씩 버스나 지하철을 타면 "저 사람 업
소에서 내 손님이었는데" 하면서 고개를 푹 숙이거나 다음 정류
장에서 바로 내리는 경우가 있었다. "내가 왜 안 타는지 알겠냐?"

그러다가도 며칠 지나면 "버스가 택시보다 가격이 싸다, 돈 아깝다"라고 말했다. 이 과정을 통해 택시를 이용하는 언니들의 숫자가 점점 줄어들었고, 활동가와 함께하지 않아도 혼자서 잘 다녔다. 가끔씩 두려움과 불안에 시달려 힘들어하기도 했지만 잘 적응해 나갔다.

언니들은 대중교통뿐만 아니라 일상생활의 소소한 부분에서도 도움을 필요로 했다. 업소에서 일한 대가는 한 달 단위로 계산된다. 업주, 현관이모, 업소삼촌 등에게 지정된 비율에 따라 언니들의 수입에서 계산하고 선불금·지각비·결근비·홀복비·자백비(쉬고 싶을 때 업주에게 자기 돈을 벌금으로 내고 쉬는 것. 업소에 따라 다르지만 하루 쉬면 50~100만 원까지 업주에게 벌금으로 낸다)·세탁비·청소비 등을 제외한 나머지가 언니들의 월급이 되었다. 하지만 이렇게 계산하고 나면 언니들이 직접 받는 월급은 없었다. 수입 계산 방법도 너무 복잡해 업주가 주는 월급을 따지고 않고 그대로 수용했다. 오죽하면 소개업자가 언니에게 "계산할 때 돈 세는 업주 새끼손가락을 주의 깊게 보라" 했겠는가? 이런 과정 속에 언니들의 빚은 오히려 늘었고 매달 '가불'을 해야 했다.

언니들에게 월급은 따로 없었고 업주가 돈을 관리하면서, 필요할 때마다 '지출(돈을 미리 당기는 것)' 형식으로 지급했다. 이런 사정을 모르는 사람들은 업소 여성들이 한 달에 "몇백만 원 벌었다", "돈 많이 번다더라"라고 말하지만 실질적으로 언니들의 손에는 돈이 쥐어지지 않았다. 그들에게 월급은 허공을 떠도는 뜬구름이었다. 돈은 보이지만 갖지 못하고, 때문에 그 가치를 알 수 없었다. 그렇기에 돈을 어떻게 사용하고 관리해야 하는지에 대한 개념이 거의 없었다.

언니들에게는 필요한 물품을 외부에 나가서 구입하지 않아도 공급받는 방법이 있었다. 몸이 아프면 주사이모, 돈이 필요하면 사채업자나 일수쟁이, 잡화가 필요하면 방문판매원, 음식을 먹고 싶으면 주변 음식점에 배달시키는 등 필요한 모든 것이 동네에 다 있고, 없으면 부르면 되었다.

이런 상황에서 지출 계획을 세우거나 비슷한 물건들을 비교하여 싸게 구매하는 것은 생각하지도 못한다. 물품 구입 시 장부에 기재만 하고 실질적인 계산은 업주가 하기 때문에 소비·지출에 대한 감각이 무뎠다.

업소 생활에 익숙해져 있는 언니들의 삶의 방식을 변화시키기 위해 마트나 시장 등을 함께 다니면서 쇼핑 체험을 했다. "우와, 싸다. 이런 것도 있었네, 종류도 진짜 많네? 이런 거 처음 본다", "저 동네에서는 십만 원 넘었는데 만 원도 안 하네" 하면서 신기해하고 비슷한 물건들을 놓고 비교해 보기도 했다.

하지만 이것저것 계산하지 않고 샀다가 "한도 초과예요. 이렇게 사면 안 돼요. 돈이 얼마 있는지 확인하고 계산해 보고 해야지요?" 하는 활동가들의 핀잔을 듣기도 했다. 또한 원하는 것을 액수에 맞지 않게 많이 골라와 자기 돈으로 계산하겠다고 고집을 부리기도 했다. 활동가들도 이런 상황에서는 우직하게 언니들과 힘겨루기를 하면서 실랑이를 벌였고 결국 언니들을 포기시켰다.

대부분의 언니들은 "우와, 오늘 싸게 샀다, 저 동네에서 샀으면 몇십만 원은 족히 됐을 것이다" 하며 만족한 표정이 역력했다. 그들은 쇼핑을 하면서 화장품, 속옷, 생필품, 작은 소품 등을 알뜰하게 구매하는 방법을 알아갔다.

살림의 대장금

　2004년 가을쯤이었다. 상담소 문이 벌컥 열리면서 단발머리에 눈이 빨갛게 충혈되고 얼굴이 약간 부은 40대 중반의 여성이 들어왔다. 시선이 일순간 문 쪽으로 향했다. 그는 "저 동네에서 일하는 사람이다, 억울한 일이 있어서 왔다. 여기 책임자가 누구냐? 억울해서 못 살겠다"라고 말했다. 그러고는 자리에 털썩 주저앉는 것이 아닌가. 우린 너무 놀라 서로 멀뚱멀뚱 쳐다보았다. "내 문제가 아니라 업소에서 같이 일하는 아가씨 문제다. 어제 아침에 업소에서 쓰러졌는데 몸에 마비가 온 것 같다. 병원에 입원해 있는데 업주가 돈도 안 주고 재수 없다며 나가라고 했다. 자기 업소에서 일하다가 쓰러졌는데 개 쫓듯이 나가란다. 어제까지 일한 돈만 계산해 주더라. 손해보상 받게 해주고 싶다. 업주 고소하고 싶다"라며 흥분되고 단호한 목소리로 말했다.

　그 언니와 절친한 사이였던, 쓰러진 언니는 뇌졸중으로 한방병원에 입원했는데 몸을 움직이기 힘들다고 했다. 쓰러진 언니는 병문안을 간 나에게 "업주를 고소하는 것을 원하지 않는다"라며 "몇 년 동안 같은 집에서 한솥밥을 먹고 지냈는데, 고소하는 것이 마음에 걸린다"라고 했다. 업주를 고소하지 않고 '병원비와 손해보상금'만 받고 싶은데, "업주에게 말을 걸면 욕하고 고함지르기 때문에 주눅이 들어서 말 못 하겠다"라며 중재를 부탁했다.

내가 개입하자 업주는 잔뜩 주눅 들어 언니가 요구하는 대로 하겠으니 경찰에 신고하지 말아 달라고 했다. 그러면서 단둘이 있을 때 내게 돈 봉투를 내밀었다. 나는 "여기에 얼마가 들어 있는지 모르겠지만 다친 언니 주세요. 저한테 이런 것 주시면 안 돼요"라고 단호하게 말했다. 언니는 살림의 중재로 병원비와 충분치 못한 손해보상을 받고 업소에서 나와 회복되지 않은 몸을 이끌고 고향으로 돌아갔다.

업주가 동료를 부당하게 대하는 것을 참지 못해 용감하게 행동했던 언니는 그날 이후 매일 상담소에 출근하다시피 했다. 고등학교를 졸업했고 결혼과 이혼 경력이 있으며, 성인이 된 딸도 있다는 언니는 살아온 인생사를 글로 쓰면 책 몇 권은 나올 것이라고 했다. 말도 잘하고 영리하며 인정도 많았다. 인정 많은 성향 때문인지 상담소에 올 때마다 과일, 빵, 음료수, 직접 만든 잡채 등을 한가득 가지고 와서는 "샘들 수고합니다. 드세요" 했다. 그러나 내가 자리에 없으면 가지고 온 것을 아무도 못 먹게 했다.

부지런하고 호기심도 많고 손맛도 좋은 언니는 한식·중식·일식 요리사 자격증을 따겠다고 의욕에 넘쳤다. 그는 "요리가 좋고 재미있다, 자격증을 하나씩 따니 기쁘다, 요리책을 내고 싶다. 정성 들여서 음식을 만들어 저녁 만찬 같은 느낌의 요리를 만들고 싶다. 남들이 한 번도 안 먹어 본 요리를 만들어 특허를 내서 나만의 요리 레시피를 가지는 것이 내 꿈이다"라고 말했다. 미래에 대한 설렘과 희망에 부풀어 있었다. 어릴 때는 현모양처가 되는 것이 꿈이었는데 업소에서 남자들한테 너무 시달리다 보니 현모까지는 할 수 있는데 양처는 못 하겠다고 했다.

언니는 요리사 자격증을 단시일 내에 취득했다. 그런데 항상 당당하고 자신감으로 가득 찬 언니도 학원에 갈 때마다 긴장하고 불안해했다. 이론과 실습은 재미있지만 혹시 학원에서 완월동 사람들을 만나 살림에서 학원비 받고 있다는 것을 '들킬까' 걱정했다. 또, 학원 관계자들이 자신이 완월동에서 일했다는 사실을 알까 봐 불안해하기도 했다. 학원 갔다 오는 날이면 "강사가 나를 이상하게 쳐다보는 것 같다. 말도 함부로 하는 것 같고, 혹시 내가 어디서 지원받는지 이야기했냐? 내가 저 동네에서 일했다는 것을 아는 것 같다. 자기들끼리 소곤소곤하는데 꼭 내 이야기 하는 것 같다"라고 했다. 그러면서도 언니는 불안감 속에서 꿋꿋하게 요리사의 꿈을 키워 나갔다. 요리학원에서 만든 음식들을 가지고 와 우리에게 먹이고는 맛이 어떤지 계속 물었고, 우리는 무조건 맛있다고 했다. 자격증을 따려고 준비하는 도중에 언니는 활동가들의 건강을 책임지는 취사원이 되었다. 요리학원에서 제대로 배운 언니는, 언니표 수제 소스와 일식 돈가스를 비롯한 다양한 요리들을 선보였다. 덕분에 우리는 끼니마다 새로운 음식을 먹으며 환호성을 질렀다. 자신의 꿈을 향해 열정을 마구 쏟아내는 언니는 '살림의 대장금'이었다.

음식에 대한 기본기와 센스가 있던 언니는 우리 입맛을 잘 맞추었다. 가끔 너무 짜거나, 싱겁거나, 이 맛도 저 맛도 아닌 적도 있었지만, 활동가들은 "언니 너무 맛있어요, 언니 최고, 살림의 대장금이에요" 하는 폭풍 칭찬과 함께 그릇을 깨끗이 비웠다. 언니는 신이 나서 음식을 만들었고, 우리는 덩달아 맛있게 먹었다. 그렇게 몇 개월 동안 신나게 음식을 만들던 언니가 창업을 하겠다고 폭탄선언을 했다. 언니의 맛있는 음식을 먹지 못한다는 사실에 활동가들은 애통해했다. 언니는 창업을 위해 분주히 뛰어다녔다. 사회연대은행에서 1인당 3천만 원 이내로 창업자금을 받을 수 있는 길이 있었다. 혼자서 시내 전역을 훑을 정도로 열심히 뛰어다녔지만 성공 가능성이 없다는 이유로 사회연대은행 관계자에게 번번이 퇴짜를 맞았다. 마음의 상처를 받은 언니는 "안 한다. 이래 가지고 어떻게 하겠노. 몇 날 며칠을 식당 문 열고 닫을 때까지 손님 숫자 세고 음식 가격에 맞게 하루 매출 예상해서 계산해야 하고 정말 못할 짓이다. 창업이 이리 힘드냐. 내가 저 동네에 있어서 더 믿지 못하는 것 같다"라고 토로했다.

번번이 입지 선정에 실패하던 어느 날 언니는 "인제 실망 안 한다. 언젠가는 되겠지 뭐, 많이 배운다, 이게 다 배우는 과정이다"라며 여유를 부렸다. 이렇게 인내와 여유가 쌓여갈 때쯤 부산 중심가에 점포를 구하고, 한정식 집을 열었다. 지하 1층이었지만 이전에 장사가 잘되던 가게를 이어 받아서인지 개업하고 1년여 동안은 점심시간과 저녁시간에 줄을 서서 먹어야 할 정도로 대성공이었다. 하지만 이전 주인이 언니 가게 옆에 비슷한 상호로 가게 문을 열고, 주변에 없었던 식당들까지 생겨났다. 게다가 함께 가게를 운영하던 언니와 갈등이 일어나면서 2년여 만에 문을 닫았다.

가게를 그만둔 후 한동안 잠수를 탔던 언니가 갑자기 나타났다. 언니는 "자격증이 있으니 어디를 못 가랴?"라며 식당할 때 쌓아 왔던 인맥으로 개업식당에서 한두 달 주방 일을 하다가 다른 개업집으로 옮겨 다니는 일을 했다. 개업식당의 월급은 생각보다 짭짤했다. 언니는 식당에서 일하면서 번 돈과 아는 사람에게 빌린 돈을 합쳐 고깃집을 차렸다. 식당 입구는 언니들이 만든 토피어리로 장식하고, 홍보 전단지는 살림 활동가들이 며칠 동안 식당 주변을 돌며 배포했다. 식당 규모도 제법 컸고 음식 맛도 좋았다. 하지만 날이 갈수록 장사가 안 되었고 빚이 늘어나면서 문을 닫았다.

그 이후 십 년 넘게 이어져 온 언니와 살림과의 인연이 끊어졌다. 언니에 대해서 "완월동에서 하우스(도박장)를 한다, 현관이모를 한다" 등 소문들이 난무했다. 언니가 어디서 어떤 일을 하든 건강하고 행복했으면 좋겠다. 그리고 예전에 그랬던 것처럼 "소장님 이거 제일 맛있다. 샘들은 나중에 먹어라" 했던 자신 있고 활기찬 목소리로 우리를 찾아오리라 믿는다.

"소장님, 포주 같아요"

　　2005년 9월부터 성구매자 재범방지 교육, 일명 '존
스쿨(John school)'이 시작되었다. 존스쿨은 성매수 초범 남성에게
기소유예 처분 대신 보호관찰소에서 교육을 받게 하는 제도로
일종의 수강명령처분이다. 미국에서 성구매 혐의로 경찰에게 검
거된 남성들 중 많은 수가 수사 과정에서 자기 이름 대신 존이라
고 진술했다는 것과 미국에서 일반적인 남성을 지칭하는 보통명
사가 존이라서 교육 명칭을 이렇게 했다는 두 가지 설이 있다. 어
쨌든 미국식 이름을 모방한 존스쿨이 한국에서도 실시되었다.

　　존스쿨 프로그램 초창기, 나는 보호관찰소에서 '한국 사회의
성매매 실태'를 주제로 서너 차례 강의를 했다. 교육에 참여한 성
구매자의 연령층은 20대에서 80대까지 다양했다.

　　강의를 시작하기 전, 교육 대상자들이 성구매 행위를 범죄라
생각하고 자신의 잘못을 뉘우치고 반성하고 있을 것이라고 생각
했다. 그러나 문을 열고 들어선 강의실 분위기는 예상과는 전혀
딴판이었다. 그들의 표정에는 반감과 불만, 무신경, 무반성, 억울
함이 어우러져 있었다. 또한 주로 전날의 숙취로 진한 술 냄새가

풍기거나 내내 고개를 숙이고 휴대폰을 만지작거리거나, 모자를 푹 눌러쓰고 의도적으로 얼굴을 드러내지 않거나, 무심한 눈빛이 흔들리거나 했다.

"교육 받으러 온 느낌이 어떤가요?" 하고 물었더니, 그들은 이구동성으로 "정말 재수 없다. 다 하는데 왜 하필 나만 걸려서 범죄자가 되어야 하는지 억울하다", "오래전에 딱 한 번 했는데 걸렸다. 기억도 안 난다", "현금 안 쓰고 카드 써서 걸린 것 같다" 등 처음의 무의욕, 무기력에서 한발 더 나아가 억울함과 불만, 분노를 여과 없이 드러냈다. 그들끼리 교감하고 하소연하는 장으로 전락한 듯했고, 죄의식도 전혀 느끼지 않는 것 같았다. 오히려 그들은 서로 동조하고 지지하면서 자신들의 죄의식을 덜어내고 있었다.

이어서 "혹시 이곳에 교육받으러 온다는 사실을 가족에게 이야기했나요?" 했더니, 그들은 "당연히 모르죠. 내가 여기 온 것을 가족이 알면 안 되죠"라고 했다. 이후 "그럼 성구매 행위가 정당하다고 생각하면 여기 오는 것을 말해야 하는 것 아닌가요?" 하니, 그들은 "쪽팔린다. 창피하다. 이혼을 각오해야 하고 가족이 깨어지는데 내가 바보인가?"라고 답했다. 다시 질문을 했다. "가족이나 내가 아는 사람들 중 성매매 여성이 있다면 어떻게 할 것 같아요?" 그들은 "내 주변에는 절대 있을 수 없다"라고 단호하게 선을 그었다. 내가 "우리 주변의 여성들이 아니라면 과연 성매매 여성들은 어디서 왔을까요?" 하고 재차 물으면, "그건 내가 알 바가 아니다. 내 주변에는 결단코 그런 여자 없고 있어서도 안 된다"라고 했다.

참 아이러니한 현실이다. 성구매자들의 필요에 의해 사고 팔리는 성매매 여성들이 성을 사는 당사자들에 의해 '이방인'으로 취급되었다. 성매매 여성들은 실체는 있지만 그들의 의식 속에는 존재하지 않는, 존재해서는 안 되는 무(無)의 존재였다.

성구매자의 분노와 불만이 가득 찬 곳, 성매매 여성의 존재를 부정하고 모욕하며 거부하는 그곳에 성매매 경험 당사자가 강의를 나갔다. 인권에 대한 감수성 부족과 일의 성과를 내기 위한 나의 과도한 욕망으로 인해 그를 억지로 내보냈다는 말이 정확할 것이다.

강의를 하고 와서 표정이 좋지 않았고 힘들어하던 그에게 나는 "괜찮다, 직면하면서 빨리 자신의 문제를 해결할 수 있다. 잘했다. 힘내라" 했다. 그러던 어느 날 헬쑥하고 넋이 나간 얼굴로 그가 왔다. 강의를 하는 중 어떤 남자가 자신이 업주라고 하면서 "너도 술집에서 일하지 않았냐. 근데 그거 돈 받고 일하지 않았냐? 왜 우리가 잘못이냐. 너희도 직업이었지 않냐? 왜 남자들만 잡냐? 너나 잘해라. 어디서 우리를 가르친다고!"라고 하면서 윽박질렀고 그러자 교육생들이 웅성거리면서 입에 담지도 못할 욕을 했다며 울음을 터뜨렸다. 그러면서 "역겹다. 무서워서 못하겠다, 모멸감과 치욕감이 들어서 토할 것 같다"라고 했다. 나는 정신이 아찔할 정도로 충격을 받았다. 강의 나갈 때마다 자신의 상태를 호소했을 텐데 왜 나는 이런 엄청난 말이 나올 때까지 무신경했을까? 그들 앞에 서기까지 몇 날 며칠을 뜬눈으로 밤을 지새

우며, 불안과 공포에 시달리고, 굴욕감을 견디기 위해 자기에게 최면을 걸었을 그에게 정말 미안하고 죄스러웠다.

돌이켜 생각해보니 '우리도 성매매 경험 당사자 활동가가 있고, 존스쿨 강의도 나간다'라며 '잘하고 있다는 것을 과시하기 위해 혹시 그를 이용한 게 아닌가?' 하는 죄책감이 밀려왔다. 나는 지속적으로 그에게 2차, 3차 가해를 하고 있었던 것이다. 이후 그와 『트라우마』 책을 함께 읽으면서 그때까지 가슴속에 묻어 두었던 혹은 묻어 두고 있을 수밖에 없었던 말을 쏟아냈다. 그는 가끔씩 나에게 그때 일을 회상하며 "소장님 포주 같았다, 포주랑 소장이랑 다를 게 없다"라고 했다.

성매매 경험 당사자 조직 나린아띠를 만들다

"니 누군데" 하는 무심하고 까칠한 언니가 있었다. 그는 '살림' 홈페이지 게시판에 "성매매가 너무 하기 싫은데 업소에 선불금이 있어서 어떻게 해야 할지 막막하다. 성매매가 아닌 다른 일을 해서 선불금을 갚고 싶다"라는 글을 남겼다. 언니는 게시판에 글을 남길 당시 고단한 삶이 힘들어 자살할 장소를 정해 놓고 죽을 용기가 없어서 망설이고 있던 차였다. 반쯤 넋나간 생활을 하고 있던 언니는 '마이킹(대출이라고도 부른다. 가불금을 뜻하는 일본말 마에가리킨-[전차금(前借金)]에서 나온 말)' 등의 업소 전문용어를 사용한 살림의 답장을 보고 업주와 결탁한 단체로 생각하여 아연실색했다. 그래서 업주에게 잡혀갈 준비를 하고, 그래도 혹시나 하는 마음으로 약속 장소에 나와 업주와 소개업자가 나타나지 않았음을 확인한 후 모습을 드러냈다.

그가 처음 방문한 '살림'은 간판도 없었다. 출입문의 깨진 유리에 덧댄 청테이프가 너덜거렸고, 삐걱거리는 문을 열고 들어가면 누렇게 빛바랜 컴퓨터가 있었다. 때문에 그는 순간 소개소(여성들을 업소에 팔아넘기는 브로커 역할을 하는 곳)에 온 줄 알고 기절할 뻔했다고 했다. 사무실의 이런 분위기는 언니의 '의심'을 더욱 증폭시켰다. 하지만 나는 언니의 무심한 눈빛과 싸늘하고 냉랭한 표정, 시큰둥한 말투를 이해하지 못하고 '말 좀 해라', '웃어라' 등의 잔소리를 계속했다. 이런 잔소리를 듣고도 변하지 않는 그만의 무엇이 나를 압도했다.

그는 업소에서 나온 지 1년 뒤 살림 활동가로 일했다. 나는 그의 성매매 경험이 세상을 살아가는 데 별 문제가 되지 않을 것이고, 세월이 흐르면 자연스럽게 삶에 녹아들 것이라고 생각했다. 그러나 예상은 빗나갔다. 그는 갑자기 울기도 하고 하루종일 말 한마디 하지 않은 채 의자에 앉아 꼼짝하지 않고 있기도 했다. 게다가 갑자기 짜증을 내고 동료들에게 말로 비수를 꽂기도 했다. 시간이 지나도 이런 상태는 잦아들지 않았고 그의 말과 행동에서 불쑥불쑥 나왔다. 그는 자신의 감정을 활동가들이 당연히 이해할 것이라고 생각하는 듯했다. 그러나 활동가는 언니를 이해하지 못했고, 언니는 자신의 감정을 이해하지 못하는 활동가들을 이해하지 못했다. 언니는 활동가와 성매매 경험 당사자 사이에서 혼란을 겪었다. 이런 세월을 견디며 그는 살림 1호 성매매 경험 당사자 활동가가 되었다. 기존 활동가들과 오랜 세월 동안 정을 많이 쌓고 언니 동생 하면서 지냈지만 그는 바다에 홀로 떨어진 섬이었다. 어떤 때는 활동가였다가 어떤 때는 성매매 여성으로 취급되었다. 현실에서 자신과 비슷한 처지에서 비슷한 경험을 한 동지가 없다는 것에 힘들어했다.

그는 29년 동안 290년의 경험을 했다고, 지난날의 어마무시한 무게를 드러내면서 너희들은 나처럼 독특한 경험이 없다고 당당하게 말했다. 몇 년의 고민과 방황 끝에 동지들을 규합했다. 살림 당사자 활동가, 자활지원센터 일자리 참여자, 학생, 검정고시 준비생, 애견숍 직원, 장애인 활동보조인 등 다양한 영역에서 활동하는 성매매 경험 여성들이었다. 그들 중 당사자 활동가로서 일하고 있던 언니들은 내담자로 오는 여성들에게 자신이 성매매업소에서 일했다는 사실을 절대 말하지 않을 것이라고 했다. 업소에서 일했다고 하면 내담자가 자신을 깔볼 것이라고 생각해서였다. 그런데 여성들을 만나면서 스스로 자신이 업소에서 일했던 여성이라는 것을 이야기했다. 내담자들은 그 사실을 아는 순간 마음의 문을 열었다.

언니 중 한 명은 이렇게 말했다. "생존자 증언을 소장이 한번 해보겠냐고 해서 나는 아무 생각 없이 했다. 그때 사람들 앞에 나가서 정신없이 내 얘기를 하는데 한참 시간이 지나고 나서 갑자기 울음이 터져 나왔고 생존자 증언을 하라고 한 소장이 원망스러웠다. 소장에게 아무것도 모르고 아무 생각도 없었던 나를 사람들 앞에 세웠냐고 하면서 서럽고 원망스러워 펑펑 울었던 기억이 있다. 그런데 이상하게 그때부터 달라진 것 같았다. 내 의견, 내 생각을 말하면서 자신감이 생겼다. 아마 그때 사람들 앞에서 이야기하면서 그게 상처였다고 깨달은 것이 힘이 된 것 같다." 언니는 자기의 경험을 다른 사람들에게 당당하게 말할 수 있는 용기가 중요하다고 말했다. 그리고 "내가 살아가는 자체가 운동이지"라고 하면서 그들끼리 똘똘 뭉쳐 성매매 경험 당사자들의 자조모임 '나린아띠'를 만들었다.

나린아띠는 '하늘이 내린 친구'라는 의미로 그동안의 외로움을 한꺼번에 만회하고 싶은 언니들의 간절함이 묻어나는 이름이었다. 그들은 나린아띠를 이렇게 정의했다.

"우리는 우리 안에서도 서로 이해하지 못해 힘들어하고 방황합니다. 때로는 헐뜯고, 비난하며, 자신을 찾지 못해 헤매기도 합니다. 아직은 내가 무엇을 할 수 있는지, 앞으로 무엇을 할 것인지 잘 모르지만 서로가 서로를 이해하고 안아주고 감싸줄 수 있도록 하나의 든든한 끈을 만들고자 합니다. 나린아띠는 그 연대의 끈을 시작하는 아주 조그만 매듭입니다. 나린아띠에서는 성매매 경험을 한 여성이 피해자가 아닌 주체가 되어 서로에게 힘을 실어주고 함께 고민을 나누며 성장할 수 있는 발판이 되고자 합니다. 우리가 주체로서 당당히 성매매 근절에 앞장서고자 합니다."

그들은 함께 모여 소풍도 가고, 격렬하게 싸우기도 하면서 우정을 쌓아 나갔다. 또한 『막 쓰는 여자들, 왈왈왈』을 집필하고, 성매매 경험 당사자 말하기 대회 〈닥치고 내 말 들어〉를 개최하였다. 그리고 전국적인 성매매경험당사자 조직 '뭉치'와 연대하여 반성매매운동을 열심히 펼쳐가고 있다.

나린아띠는 소수지만 일당백이었다. 각자 살아온 인생들이 다르고 살아가야 할 길도 다를 것이다. 하지만 지금, 여기서 인생의 경험을 이야기하고, 자신과 비슷한 길을 걸어온 사람들과 함께 하기 위해 오늘도 그 길을 묵묵히 걸어가고 있다. 그들의 용기를 진심으로 사랑하고 존경한다.

나린아띠와 포주가
함께한 여행

　　살림 활동가들과 나린아띠 회원들이 1박 2일 여행을 떠났다. 언니들 중 살림과 가장 오래 인연을 맺고 있는 나린아띠 리더와 그가 포주라 부르는 나는 썰렁한 아재개그를 좋아했다. 일상에서 이어지던 어중이떠중이의 말잔치가 여행지로 가는 도중에서도 이어졌다. 나는 운전석에 그는 조수석에 앉아 끊임없이 정확하지 못한 서로의 발음을 핑계로 말꼬리를 잡아 구박하고 핀잔을 주면서 '우문우답'을 주고받았다. 말 그대로 덤앤더머가 되었다. 그와 나는 "배냇골" 하면 "뭐라꼬? 배냇저고리", "표충사" 하면 "곤충사", "밀양" 하면 "뭘 민다꼬" 하면서 한바탕 소란을 피웠다. 뒷좌석에 앉은 언니들과 활동가들은 "시끄러워 죽겠다. 그만하라" 하며 면박을 주었다. 이에 굴하지 않고 신나서 "오른쪽으로 갈까" 하면 "오른팔 이거 괜찮은데", "왼쪽으로 돌자" 하면 "웬 일", "계곡" 하면 "뭔 개곡", "APEC"은 "아웃백" 했다. 거리의 간판들을 보고도 썰렁한 대화와 서로에 대한 구박을 이어가는, 딴지걸기의 '환상적인 콤비'였다. "나를 나무라지 마시고 나무라고 불러 달라!"

항상 이런 식이었다. 이쯤 되면 동행하는 이들도 우리 대화에는 관심을 가지지 않았고 오히려 우리를 왕따 시키고 자기들끼리 이야기 삼매경에 빠져 있다. 그러다 우리가 큰 소리로 웃거나 서로를 심각하게 구박하는 상황이 오면 관심을 가져 주었다. 정말 따로 국밥이었다.

살림의 세미나, 운영위 MT, 활동가 단합대회, 언니들과의 야외 나들이 등의 행사에서 꼭 챙겨야 하는 것이 있었다. 그건 술이다. 살림살이의 필수품이자 애용품이다. 술은 술술 넘어가서 술이라고 하지만 우리에게는 술은 마음의 문을 열게 하고, 가슴속에 간직하고 있던 말이 술술 나오게 하고 공감능력을 술술 살아나게 하고, 서로를 슬슬 가깝게 만드는 것이었다. 이런 이유로 우리는 술을 사랑했다. 우리는 근무시간엔 미친 듯이 일에 열정을 쏟았고, 이후에는 술과 함께 열정을 불태웠다.

이렇게 술을 좋아하는 활동가들에게 언니들과의 여행이라고 해서 예외가 될 수 없었다. 참가자의 주량에 맞게 담당자는 센스 있게 장을 봐야 한다. 그런데 이날은 짐의 분위기가 수상했다. 차에 싣는 짐들을 보니 술이 없었다. "우리 도 닦으러 가나요? 왜 술이 없어요?" 하면서 놀란 마음을 진정시키고 물었다. 그러자 언니는 "가는 길에 슈퍼마켓에서 사요" 하면서 쏘아붙였다. 나는 갑자가 불안해지기 시작했다. '마트에서 사는 게 싼데 왜 슈퍼마켓에서 사지? 적게 사려고 그런 거 아닌가' 등등 온갖 생각으로 머릿속이 혼란스러웠다. 우려는 현실이 되었다. 계곡 근처 슈퍼마켓에서 페트 맥주 세 병과 소주 세 병을 샀다. 내가 "이걸로 안 될 것 같은데" 했더니 그는 "난 안 마실 겁니다, 여기 먹을 사람 없어요. 이거면 충분합니다, 혼자 다 드세요" 하고 어이없다는 듯이 쳐다보았다. 나는 '흥! 어디 한번 보자, 이 술을 절대 사수하리라'라며 결기를 다졌다.

우리는 예정 시간보다 일찍 도착해서 세미나를 진행하고 저녁을 먹었다. 그리고 오붓한 분위기 속에 뒤풀이를 시작했다. 그런데 술을 안 먹겠다고 당당하게 말했던 그가 처음부터 막 달리기 시작했다. 술은 1시간여 만에 동이 났고, 초저녁이라 일찍 잠을 자기에는 아쉬웠다. 우리는 술 찾아 삼만 리를 시작했다. 시골이라서 그런지 숙소 근처를 비롯해 눈에 들어오는 가게와 식당들이 모두 문을 닫았다. 불이 켜져 있는 곳은 근처 숙소들뿐이었다. 근처 숙소에 가면 혹시 술이 있을 수도 있다는 생각에 무작정 길을 나섰다. 불이 켜져 있는 곳은 모두 갔다. "아저씨 혹시 술 있어요?", "아버님 술 있어요? 어머니 술 있으면 좀 주세요. 가게도 문 닫았고" 하면서 구걸하러 다녔다. 숙소 주인들은 손님들이 남겨 놓고 간 술이라면서 그냥 주었고 밤길을 두 시간여 헤맨 끝에 소주 네 병을 얻었다.

숙소로 돌아오는 길은 멀었으나 마음은 뿌듯했다. 하늘에는 별들이 흐드러진 꽃들처럼 저마다의 향기를 뿜내고 있었고, 달은 우리들과 함께 걷고 있었다. 정말 구름에 달 가듯 가는 '술 구걸 집단'이었다. 술을 얻는 데 기력을 소진한 우리는 숙소에 오자마자 그 많던 이야기를 뒤로 미루고 바로 쓰러졌고 초고속으로 꿈나라에 빠져들었다.

이런 일이 있은 후에 우리는 술이 모자라면 가끔씩 숙소 주변의 가게를 털었다. 밤늦은 시간에 가게 문은 닫혀 있어도 냉장고가 열려 있는 곳이 제법 있었다. 우리는 냉장고에서 먹을 만큼의 술을 그냥 가져왔고 다음 날 아침 술값을 지불했다. 그러면 주인은 우리 같은 사람이 가끔 있어서 냉장고 문은 닫지 않는다고 했다. 주인장의 이런 섬세한 배려 덕분에 마음은 풍요로웠으나 몸은 여기저기 축 났다.

언니들과 함께한 시간은 활동가와 성매매 여성이 아니라 동시대를 살아가는 여성들임을 느끼고, 서로의 자매애를 확인하는 순간들이었다.

언니들의 삶을
대중과 함께하다

언니는 어린 나이에 성매매 일을 시작해서 빚이 많았다. 술 3종(쇼를 기본으로 하는 곳으로 촛불쇼, 계란쇼, 계곡주쇼 등으로 구성되며 술로 매상을 올리며 성매매는 부수적으로 이루어진다)에서 호스티스로 업주에게 맞아 가면서 빚을 갚아 나갔다. 그는 악착같이 이 악물고 진상(룸에서 술 마시거나 2차 나가서 여성들을 괴롭히는 성구매자를 말한다. 유형으로는 성구매 후 사정 안 했다고 돈 받아가는 짓, 룸에서 여성들 괴롭힐 것 다 괴롭히고 2차 가려고 할 때 상대 여성을 바꿔 달라고 하는 짓 등이 있다. 업소에서 변태와 진상은 잘 구별되지 않는다) 받아가면서 일해서, 빚까지 다 갚고 빚 없이 업소에서 일한 지 얼마 되지 않았다. 이제 돈 모아 보려고 하는데 성매매 방지법이 생긴 후 성구매자가 업소를 찾지 않아 돈을 벌지 못했다고 했다. "합법화해서 편안히 돈 벌고 싶다. 다른 직업과 뭐가 다르냐. 왜 우리한테만 누명을 씌우고 난리냐"라고 하면서 억울해하기도 했다.

또 다른 언니는 몇 년간 성매매 일을 하면서 빚을 갚았지만, 그렇다고 마땅한 자본이 있는 것도 아니었다. 그는 내세울 학력도, 직장 경험도 없어, 탈업소해 새로운 일자리를 구하기기 쉽지 않았다. 그래서 자신이 업소에서 일하는 것이 '선택'이라고 했다. 수십 년 동안 성매매 현장에 있었던 언니는 그곳에서 청춘을 보내면서 세월의 틈바구니 속에서 많은 기회들을 잃어버렸다. 또 몸과 마음의 건강을 서서히 빼앗겼다. 성매매는 인생의 많은 기회들을 놓친 언니가 어쩔 수 없이 붙잡은 '선택'이자 '대안'이기도 했다.

'성노동자'라는 단어를 자주 사용했던 언니는 업소에서 얼른 돈을 모아서 사회에 나가 하고 싶은 일을 하려 했다. 때문에 되도록 빚도 안 지고, 학원도 열심히 다니면서 업소 일을 했다. 업주의 강요는 없고 수입도 5:5로 나눈다고 이야기했다. 만날 때마다 당당하고 에너지 넘치던 언니가 하루는 술을 마시고 말했다. "내 몸이 너무 더럽고 싫다. 손님 받는 거 아무나 할 수 있는 일이 아니다. 너무나 힘든 일이다." 그러다 술이 깨면 다시 자신으로 돌아가 성매매 여성으로서의 정체성을 이야기했다. 무엇이 이 언니로 하여금 자신의 몸을 미워하게 만들었을까?

대부분의 언니들은 업소에서 수십 년을 일해도 빚이 있고, 가족과 연락이 끊긴 지 오래다. 게다가 아는 사람이라곤 업소와 관계된 사람들이 전부이다. 언니들은 업소에서 본명을 사용하지 않고 가명으로 생활하고, 외출 시 타인의 시선이나 말에 쉽게 상처받는다. '성노동자'라는 단어도 부담스러워하고, 빚 갚고 나와 평범하게 살고 싶다는 언니들이 대부분이다.

우리는 다양한 삶의 경험을 가지고 있는 언니들을 만났고, 언니들을 통해 이득을 얻고 있는 업소 관계자들의 위협과 협박에서 자유로울 수 없었다. 때론 광분하기도 하고, 때론 풍부한 감수성에 온몸을 눈물로 적시기도 했다.

세상은 성매매 여성들을 특수한 존재로 인식하고, 자신과는 다른 사람들이라고 생각한다. 그래서 '없는 존재', '보이지 않는 존재'로 지워 버린다. 하지만 그들이 주변에서 흔히 볼 수 있는 보통사람들이라는 것, 별스러운 존재가 아님을 사람들에게 알리고 싶었다. 그래서 2006년 『너희는 봄을 사지만 우리는 겨울을 판다』를 출간했다. 언니들은 지금까지 살아온 삶을 글로 쓰는 것에 자신 없어 했고, 두려워했다. 하지만 시간이 지나면서 용기를 갖고 악착같이 자신의 삶과 마주했다. 그들의 글은 '현재의 내가 바라보는 과거의 나, 현재의 나 그리고 그 공간에서 살아낸 힘'을 드러냈다. 그리고 스스로 한 자 한 자 적어가는 과정을 통해 '망각'보다는 '기억'과 '재구성'으로 자신들의 과거와 현재, 미래를 이어 주었다. 글쓰기를 통해 자신의 삶을 타인과 나누었다.

책 출간 1년 후 다큐멘터리 〈언니〉를 제작했다. 다큐멘터리 제작에 참여한 이들은 20~60대까지 다양한 세대로, 쉼터 거주자뿐만 아니라 성매매 집결지에서 일하고 있거나 일했던 언니, 룸살롱이나 나이트클럽, 안마시술소 등에서 일을 하고 있거나 해 본 경험이 있는 언니들이 다양하게 참여했다. 참여자를 모으고 설득하는 과정은 지난했다. 글쓰기는 살아온 삶을 글로 쓰기 때문에 자신의 실체(목소리, 외모, 옷 색깔, 행동, 표정 등)는 드러나지 않는다. 하지만 다큐멘터리는 그들의 실체가 영상을 통해 오롯이

나타난다. 자신이 드러난다는 것은 그들에게는 존재의 위기이
자 공포다. 그래서 제작 초기에는 아무도 참여하지 않겠다고 했
다. 나를 비롯한 활동가들은 "언니의 실제 목소리가 아니라 음성
변조를 하겠다", "옷 색깔을 알아보는 사람이 없도록 활동가들
이 대역하겠다", "언니 옷이 아닌 비슷한 사람 옷을 빌려 주겠다",
"자막 처리 하겠다" 등의 말로 설득하였다.

삼고초려 끝에 설득당한 언니들은 제작 과정에서도 민감한
감수성을 드러냈고, 그 때문에 몇 번이나 촬영이 중단되는 소동
을 겪었다. 그러나 본격적인 촬영이 시작되자 삶의 경험을 꾸밈
없이 허심탄회하고 무덤덤하게 표현했다. 몇 달 동안의 촬영이
끝나고 편집한 영상을 보면서 목소리를 비롯하여 옷, 신발의 색
깔과 모양, 손톱, 머리카락 색깔 심지어 거울에 반사되어 나타난
자신의 옷자락까지 검열했다. 이후에도 이런 과정은 몇 차례 반
복되었다.

1년이 넘는 촬영 기간을 거쳐 참여자들의 수많은 토론과 회의
등 모두의 땀과 눈물이 밴 작품이 드디어 모습을 드러냈다. 〈언
니〉 시사회 날, 400여 석이 넘는 극장은 발 디딜 틈 없이 사람들
로 가득 들어찼다. 다큐멘터리 감독과 언니의 기획을 함께했던
살림 활동가는 기쁨의 눈물을 쏟아냈다. 서울과 부산에서 열린
시사회에는 수백 명의 사람들이 참여하여 뜨거운 관심을 보여
주었다.

〈언니〉는 부산국제영화제 AND동의펀드상을 수상했고, 영화
제에서 공식 상영되었다. 이후 DVD로 만들어졌고, "당신은 얼마

입니까"라는 영상 자료로 제작되어 성매매예방교육을 할 때 교육현장에서 활용되고 있다. 언니들의 삶을 많은 사람들에게 알리고 공유하고자 했던 우리의 목표는 결실을 맺었다.

막 쓰는 여자들 왈·왈·왈
-닥치고 내 말 들어

'살림'을 산 지가 엊그제 같은데 벌써 10년이란 세월이 흘렀다. 활동가들의 열정과 헌신, 그리고 언니들의 마음이 모여 우리는 많은 것들을 해냈다. 살림 10년의 '핵심 키워드'는 무엇일까를 고민했다. 그건 '언니들'이었다.

부산 완월동, 대구 자갈마당, 광주 월산리 방석집, 전주 선미촌, 평택 쌈리, 서울 청량리 588, 해운대 609, 광안리와 해운대 그리고 강남의 룸살롱, 성남의 안마시술소 등 전국의 성매매업소와 호주, 일본, 미국 등에서 만난 수많은 언니들이 살림을 거쳐 갔다. 또한 까칠 5인방 언니들, 수줍음이 많아서 얼굴도 못 들고 활동가와 눈도 제대로 마주치지 못하던 언니, 온 듯 안 온 듯 숨결만 남기고 어느 순간 사라지는 언니, 자기 말을 너무 많이 해 활동가의 진을 몽땅 뺀 언니, 활동가와 마주한 채 몇 시간 동안 한마디도 하지 않고 침묵으로 일관하여 활동가의 영혼을 쏙 빼 놓은 언니, 같이 죽자며 한밤의 도로에서 고함고함 지르며 약을 내밀던 언니, 한겨울 서면로터리에 가서 함께 옷 벗고 드러눕자고 한 언니, 붕어빵을 한가득 가슴에 품고 와 활동가에게 안기던 언니, 음식 솜씨가 너무 좋아 상다리가 휘어지도록 차려 놓고 활동가들을 자신의 집으로 초대했던 언니, 업소에서 술 마시고 업주랑 대판 싸우고 서러워서 목 놓아 울었던 언니, 그들은 모두 평범하지만 자신의 일상에 충실했던 언니들이었다. 돌이켜 생각해 보니 살림 10년이 언니들의 10년이었고, 살림의 역사가 언니들의 역사였다.

『너희는 봄을 사지만 우리는 겨울을 판다』 출간 이후 언니들의 삶에 대한 기록은 계속되었지만, 그 기록은 책으로 출판되지 못한 채 묶음의 조각들로 흩어져 있었다. 또한 세월이 흐를수록 업소에서 나오는 언니들이 늘어났고, 살림의 활동가로, 직업 전선의 노동자로, 자활지원센터의 일자리 참여자로, 전업주부로 각자의 자리를 채워 나갔다. 이전의 책이 언니들의 과거의 기록이었다면 탈업소 후에 겪는 언니들의 내면의 역동과 생활 전선에서 열심히 살아가는 경험을 모으고 기록하는 것이 필요했다.

그래서 우리는 『막 쓰는 여자들 세상을 향해 왈왈왈』을 기획했다. '모든 자활이 무지개 빛이 아니다'라는 슬로건으로 야심차게 시작했으나 과정은 순탄치 않았다. 언니들이 업소에서 나온 시기가 몇 달에서 몇 년 사이로 천차만별이었고, 일터도 달랐다. 서로 성격이 맞지 않아 반목하기도 했다. 글을 잘 쓰는 언니가 있는 반면, 한 문장을 겨우 쓰거나 한글을 이해하기 어려워하는 언니도 있었다. 이런 조합으로 인해 자존감이 바닥을 치거나 열등감이 한층 높아지기도 했다. '니 얼마나 잘 쓰는지 보자'

등의 은근한 질투심이 폭발하여 감정의 골이 깊어지기도 했다. 하지만 이런 심적인 부담감을 마주하며 주저하고, 분노하고, 눈물 흘리고, 침묵하며 그들만의 방식으로 자신의 삶과 대면하고 있었다.

그러던 중 '죽도록 사랑하는 사람과 죽도록 미워하는 사람'에게 편지 쓰는 시간이 있었다. 언니들이 쓰기를 머뭇거리자, 활동가가 자기 이야기를 쓰고 읽으면서 언니들의 마음을 징하게 울렸다. 한순간에 눈물바다가 되었다. 그날 이후 언니들은 '활동가도 우리와 별반 다르지 않는 인간이구나', '눈치 보지 말고 편안하게 쓰자', '적게 쓰면 어때', '이렇게 서로 이해하고 공감하는구나'를 깨달았고 상황은 대반전을 맞이했다. 글 쓰는 것을 힘겨워하던 언니들도 용기를 내어 한 줄 두 줄 써 나가기 시작했다. 서로를 있는 그대로 바라보고 자신의 솔직한 마음을 글에 담았다.

글은 차곡차곡 쌓여 갔다. 메아리를 울리며 서로의 말을 마음으로 받아들이기 시작했다. 자신의 말과 글에 사람들이 진심으로 공감한다는 것을 깨닫고는 자신감을 얻었다.

그런 자신감으로 언니들은 자신의 경험을 다른 사람과도 나누고 싶어 '막 쓰는 여자들, 말하다-닥치고 내 말 들어'라는 말하기 대회를 기획했다. 무대 구성, 조명, 식순까지 직접 준비했고, 자신들이 무대에 설 것인지, 대역을 세우고 목소리를 변조할 것인지, 무대에 서면 가면을 쓸 것인지, 가면을 쓴다면 목소리는 어떻게 변조할 것인지(헬륨가스) 등으로 몇 날 며칠 격론을 벌였다. 이런 과정 속에 언니들은 '이왕 이렇게 된 거 소심하게(대역)

하지 말고 대심하게(자신이 직접) 무대에 나가서 그냥 하자'로 결론을 내렸다.

성매매 경험 당사자 말하기 대회 '닥치고 내 말 들어'는 세찬 바람과 엄청난 비가 쏟아지던 12월 저녁에 열렸다. 대회이기는 하지만 낙인과 차별 없는 세상을 지향하는 대회의 특성상 순위와 상금은 없었다. 그냥 하고 싶은 말을 형식 없이 마구마구 하는 것이 중요한 포인트였다. 언니들이 얼굴을 드러내고 무대에서 말하는 행사였기 때문에 참가자는 예약을 받았고, 대회장 입장 시 휴대폰 등 개인의 신상정보가 공개될 만한 것들은 모두 회수했다. 그들은 홀복(업소에서 성구매자를 상대할 때 입던 옷)을 입고 업소 화장(진한 눈썹과 새빨간 입술)을 하고 무대에 섰다. 언니는 "나는 내 이야기는 했었지만, 일했을 때의 모습을 아무도 본 적이 없다. 그래서 이런 모습으로 일했다는 것을 사람들에게 보여주고 싶었다"라고 했다. 너무 긴장해서 잘할 수 있을지 모르겠다던 언니들은 무대에 오르는 순간 물 만난 고기처럼 신나게 이곳저곳을 헤엄치며 다녔다. 무대 경험을 통해 용기를 얻었다. 그 뒤로 말이 터진 언니는 주체가 되지 않아 긴 시간 동안 자신의 이야기를 쏟아 냈다. 날씨 사정이 좋지 않음에도 불구하고 100여 명의 사람들이 모였고 발표자들은 때로는 웃기도 하고 눈물을 글썽거리기도 했다. 언니들의 용기와 삶에서 묻어나는 진솔한 이야기는 참가한 사람들을 감동의 도가니 속에 몰아넣었다. 그렇게 행사는 성황리에 마무리되었다.

언니들이 자신의 경험을 다른 사람들에게 이야기하면서 느꼈던 소감을 아래에 싣는다.

후기 1

성매매 여성이라는 이름으로 세상에 대한 불만이나 힘듦을 사람들에게 처음 이야기했던 자리였다. 성매매 여성이라서 불만이 있더라도 낙인을 찍더라도 색안경을 끼고 보더라도 당연하게 참아야 하고, 언제나 감사하다는 마음으로 살아가야 한다고 생각했다. 하지만 한편으로 생각해 보면 나는 성매매 여성이기 이전에 여성이고 한 인간이다. 왜 세상에 대한 불만이 없겠는가? 그렇지만 세상에 나의 불만을 소리 지르기에는 용기가 부족했다. 그래서 편견 없이 바라봐주는 활동가에게 계속 불평·불만을 이야기하면서 그들에게 부담을 주고, 점점 세상에 대한 불만 속으로 나 스스로를 옭아매었는지 모른다. '닥치고 내 말 들어'는 당당하게 세상에 대한 불만과 성매매 여성을 바라보는 시선에 대해 이야기하는 자리였다. 나는 이것을 통해 세상에 대한 불편한 마음뿐만 아니라 내가 어떤 사람인지 내가 어떻게 행동하고 무엇을 할 수 있을지를 생각하고 이야기하고자 했다. 아마 '닥치고 내 말 들어'는 나 자신에게 한 이야기일 수도 있다.

후기 2

'닥치고 내 말 들어'는 막 쓰는 여자가 만들어 낸 또 하나의 결과물이다. 난 사실 눈에 뵈는 게 없다. 그래서 그런지 몰라도 나의 아프기만 한 이야기를 사람들에게 담대하게 들려줘야 할 것 같았다. 생존자로서 내 입을 통해서 나온 이야기가 사람들에게 진심으로 닿을 것 같았다. 앞뒤 생각지도 않았고, 등 떠밀리지 않았다. 나는 용기 있게, 혹은 얼굴 두껍게 나서고 싶었다. 뒤에서 말하느니 앞에서 쫌 까보겠다는 마음도 컸다. 어떻게 듣느냐는 상대의 몫이다. 말하기가 끝난 지금! 그날 내가 무슨 말을 했는지 기억이 가물거리지만 말하기 경험은 나를 더욱더 자신감 있게 만든 것은 틀림없다. 처음 사람들 앞에서 말하는 경험이라 어려움도 있었고, 무슨 말을 해야 하나, 고민도 했었지만 이런 과정들이 나를 당당하게 만들었다. 속 시원하게 말한 것은 별로 없는 것 같지만, 기회가 다시 주어진다면 더 잘해 볼 의향은 있다. 내가 말한 내용에 대한 불만이 있을 수도 있다. 하지만 내 입을 통해 무대에 서서 사람들에게 처음으로 성매매 이야기를 했다는 것은 영원히 기억할 것이다.

4부

가치와 열정의
소유자들

'성매매 여성'과 '마담'의 경계

언니들을 만날 때마다 겪는 고민거리로, 업소에서 언니들이 성매매만 했느냐, 성매매·마담과 현관이모를 동시에 했느냐, 성매매·마담·현관이모와 업주를 동시에 했느냐 등 성매매 여성과 업주, 마담, 현관이모의 경계를 칼로 무 자르듯 구분하기 힘든 경우가 종종 있었다. 성매매와 현관이모를 동시에 하는 여성들은 보통 나이가 많거나 선불금이 많았다. 나이가 많으면 성구매자에게 선택받기 힘들어지고 업소에서도 퇴물로 취급된다. 때문에 성매매만으로 선불금을 갚거나 생계를 유지하는 것은 곤란하다. 또한 한 업소에 오랫동안 있다 보면, 업주의 부탁을 거절하기 어려운 상황이 생기고, 업소 동료들이 자리를 비우면 성매매를 대신하기도 한다. 또 호객행위나 업소 단골 관리, 업소 여성들 관리 등 업소 전반을 책임지는 경우도 있다. 언니들은 "배운 것이 이것밖에 없기 때문에 어쩔 수 없이" 한다고 했다.

마담이나 현관이모를 예전에 했더라도 만날 당시 언니가 성매매를 하고 있으면 우리는 적극적으로 개입했다. 하지만 그들이 마담이나 현관이모 등의 성매매 알선자로 일하면서 생긴 법적 문제와는 거리를 두었다. 그렇지만 언니들이 살아온 이야기를 듣고 서로 가까워지고 믿음이 생기면서 인간적인 갈등과 고뇌에 휩싸이기도 했다. 아래의 사례는 이런 갈등을 보여 준다.

24세의 여성이 있었다. 고등학교 졸업하자마자 친구의 꾐에 빠져 선불금 2천만 원을 받고 룸살롱에서 일을 했는데, 빚이 계속 불어나 5천만 원이 되자 감당하기 힘들었다고 한다. 업소 멤버가 "마담을 해보는 거 어때? 아가씨(업소 여성)들 관리만 제대로 하면 돈은 얼마든지 벌 수 있다"라고 해서 마담을 시작했는데, 아가씨들 선불금을 주기 위해 자기가 돈을 빌리고 보증 서고 아가씨가 도망가고 하면서 빚이 1억 원이 넘게 되었다. 도저히 감당하기 힘들어 도망쳤다. 사채업자, 제2금융권에서 소송이 들어오고 업주가 사기로 고소했다. 우린 딜레마에 빠졌다. 마담으로 일하기 전까지인 5천만 원에 대해서만 지원할 것인지? 그 이후도 지원할 것인지, 5천만 원과 1억 원은 따로 볼 수 있는 것인가, 연속선상에 있는가 하는 고민이었다. 그는 5천만 원의 빚이 없었다면 마담을 하지 않았을 것이다.

성매매 여성, 업주, 현관이모 역할을 동시에 하는 여성의 이야기도 있다. 언니는 매일 아침 하얀 강아지를 안고 왔다. 그는 처음 나를 만났을 때 자신은 '업소에서 일하는 아가씨'라 했고, "오빠가 없어서 조카들을 먹여 살려야 한다. 이 동네를 떠날 수 없다"라고 했다. 언니는 어느 날 같은 동네에서 일하는 다른 언니

들과 마주치게 되었다. 언니들은 "업주가 왜 여기 있느냐? ○○
관 업주다. 업주 된 지 얼마 안 됐다. 업주하면서 성매매를 하는
데 진상손님 다 받는다. 완월동 업주들도 무시한다. 악착같이 돈
모아서 업주 됐다. 아가씨 할 때 잠도 거의 안 자고 돈 모았다"라
고 하면서 그를 완월동 업주라고 했다. 언니에게 법적 문제는 없
었으며, 완월동 여성들에게 지급하는 월 37만 원의 긴급생계비
를 받고 싶어 했다. 우리는 그에게 긴급생계비는 성매매를 한 여
성들에게만 주는 것이라고 했다. 그 언니를 성매매 여성이라고
해야 할지, 업주라고 해야 할지 난감했다. 활동가들 사이에서도
"현재 성매매를 하고 있으니 지원해야 한다", "두 가지를 다 하고
있으니 안 된다", "업주의 정체성이 훨씬 강하다. 상담은 가능하
나 지원은 힘들다" 등으로 의견이 분분했다.

  하지만 분명한 사실이 하나 있었다. 그가 성매매 여성이라 하
더라도 업주로서 여성들에게 선불금을 주고 성매매를 시켰다는
것이다. 또한 각종 명목으로 벌금도 부과하는 등 실질적으로 업
소 여성들을 지배하고 있기도 했다. 때문에 그는 업주의 정체성
이 훨씬 강했다. 이런 이유로 그를 상담은 하되 현금이나 현물
등 물질적인 지원은 하지 않기로 했다.

  업소라는 공간에서 언니들이 맡은 일은 명확하게 구분되어 있
지 않다. 업소의 상황에 따라 업주가 시키는 대로 그 역할을 수행
할 뿐이다.

선불금, 편법과 불법 사이

　　업주들은 선불금을 업소 여성들에게 직접 주지 않는 방법으로 법적 책임을 피하고, 제2금융권이나 사채업자는 이런 점을 악용하여 실적을 늘리기 위해 업소 여성들을 이용한다. 업주는 여성들이 업소에서 일하면서 진 빚에 대해 여성 개인이 직접 빌린 것이고 자신은 모른다고 발뺌하면 그만이었다. 제2금융권이나 사채업자는 업소에서 일하는 줄 알았지 그곳에서 성매매를 하는지 모르고 빌려줬다며 책임을 회피했다.

　하지만 이런 부당한 노림수에 여성들이 무방비 상태로 당하고 있는 것을 가만히 지켜볼 수 없었다. 그래서 끊임없는 문제제기와 법적인 고소고발로 맞섰다. 활동가들의 부단한 노력 끝에 법원에서 승소를 하는 사례가 늘었고, 이것이 여성주의 저널 〈일다〉에 소개되었다.

　'최근 법원에서는 채무관계로 인해 고통을 받고 있는 성 산업 종사 여성들에게 희망이 될 만한 판결'이 나왔다. 성매매 업주나 사채업자 외에 제2금융기관에서 대출금형식으로 제공한 선불금 역시도 '불법'이며, 갚을 이유가 없다고 결정한 것이다. 제2금융권 대출 형식으로 선불금을 제공하고, 연대보증도 성 산업에 종사하는 여성들은 많은 경우 '선불금'이라는 채무관계를 통해 업주에게 묶여서 일하게 된다. 때문에 그들은 그만두고 싶어도 벗어나기 어려운 상황에 놓인다. 이전에는 해당업소에서 업주가 직접 선불금을 여성에게 대여해 주었다. 그러다 점차 사채업자를 내세워 선불금을 제공했는데, 현재는 대출 담당자나 임시로 고용된 대출 브로커 등을 통해 금융기관에서 대출하는 형식을 통해 선불금을 제공하고 있는 추세다.

성매매를 알선하는 업소는 '불법'이므로, 성매매와 관련하여 지급된 선불금 역시 법적으로 '무효'이다. 하지만 각종 편법이 동원되면서 이를 입증하기가 상당히 어려워졌다. 이번 사건은 ○○상호저축은행이 2003년 부산시 해운대 소재 B유흥주점에서 일하는 여성들에게 빌려준 돈을 갚으라며, 대여금 청구소송을 하면서 불거졌다. 부산 여성인권지원센터 '살림'의 ○○○ 활동가는 두 명의 여성이 1심에서 패소하고 나서 2008년 도움을 요청하며 단체에 내방했다고 설명했다. "2003년도에 해운대 쪽에서 일하면서 브로커가 은행 쪽과 연계해 대출금을 받아줬다고 들었다. 본인들 채무도 있었고, 연대보증 채무도 있었다. 업소에서 한 사람당 4~5명에 대한 연대보증을 서게 했다. 8~9백만 원에서 1천6백만 원까지 건당 소송이 들어왔고, 이자가 원금보다 더 큰 경우도 있다." ○○○ 활동가는 선불금에 대해 '강제성 있는 돈'이라고 강조했다. 또한 그는 "돈을 안 받으면, 여기서 일할 수 없다고 한다. 또 그 돈을 안 쓰면 일을 못한다. 다른 여성들에 대해서도, '도망갈 것 아니면 연대보증을 서라'고 한다. 그렇게 해서 서로 묶어두는 것이다"라고 사건을 설명했다. 결국 피해 여성들은 '살림' 측과 변영철 법률사무소의 지원을 받아 ○○상호저축은행을 상대로 민사소송을 진행했다. 2009년 12월 2일 서울동부지방법원은 "영리를 목적으로 윤락행위를 하도록 권유, 유인, 알선 또는 강요하거나 이에 협력하는 자의 채권은 계약의 형식에 관계없이 무효"라고 판결해 여성들의 손을 들어주었다. 이 사건은 ○○상호저축은행측이 상고했지만 2010년 3월 25일 대법원에서 이를 기각했다. ○○상호저축은행과 같은 제2금융권에서 제공한 선불금 역시 성매매를 알선하는 채권으로 판단하여 무효를 선언한 판결이라는 점에서 매우 중요한 의미를 갖는다. 부산여성인권지원센터 '살림'은 "합법을 가장해 선불금을 제공하고 성매매를 알선, 강요하는 불법업소의 선불금 제공방식에 제동을 건 적극적인 조치"이며, 이는 '모든 형식의 선불금은 금지'라는 사법부의 엄중한 경고라고 평가했다. ○○○ 활동가는 "소송을 제기한 분들은 2명이지만, 연대보증을 선 사람들의 수는 집계하기가 어려울 정도"라면서, "부산뿐 아니라 서울에서도 (제2금융권을 통해 선불금을 받는) 많았다고 들었다"라고 말했다. 이어 "이번 판결이 널리 알려져서, 부당한 채무관계로 인해 고민하는 분들에게 도움이 되길 바란다"라고 덧붙였다.

"내가 살아야지,
너도 이렇게 됐으니
나가서 잘 살아라"

언니들은 성산업 관계자(업주, 마담, 멤버, 사채업자, 업소삼촌, 업소 주변 관련 종사자 등)를 고소하거나, 혹은 그들에게 고소 당하고 조사를 받기 위해 경찰서에 가는 일이 자주 있다. 그러다 보면 업소에서 같이 일했거나, 조사 당시 업소에서 일을 하고 있는 여성들을 경찰서에서 만날 때가 있다.

업주는 업소에서 성매매가 '없었다'는 것을 진술하기 위해 업소의 여성들을 참고인으로 데려온다. 여성들은 현재 업소에서 '일하고' 있기 때문에 조사에서 고소한 사람의 입장에서 진술하지 않는다. 오히려 거의 대부분 업주 편에서 진술한다. 심지어 감금되어 성매매를 하더라도 하나같이 "빚과 2차가 없고 일하기 편하다", "왜 바쁜 사람 데리고 와서 영업을 방해하냐"라고 했다.

언니들은 평소 경찰 단속에 적발되었을 때, '적발 시 행동지침'에 대한 교육과 함께 사실대로 말했을 경우에 따른 결과 등을 교육받는다. 업주의 행동지침에 대한 교육도 있지만, 결국 언니들이 경찰과 법을 믿지 못하기 때문이기도 하다. 경찰과 법을 믿지 못하는 이유는 경찰서에서 "조사받고 뒷문으로 나오니 업소 삼촌이 차를 대기하고 기다리고 있더라", "조사받고 다시 업소로 끌려갔다"는 자신이나 동료들의 경험담 또는 "업주들이 경찰서장 누구누구도 알고, 누구와는 친척이고 형님이다"라면서 경찰과 친분을 과시하는 경우를 수차례 경험해 왔기 때문이다. 업주들은 "네가 신고해 봤자 너만 빨간 줄 그인다. 나는 벌금만 내면 끝이고, 벌금 내고 나서 너 찾아가서 가만 안 둔다. 너희 집에도 찾아가서 가족들에게 다 불어 버린다"라고 협박한다.

법에 대한 지식이 부족한 언니들은 평소 자신이 일하는 업소에 경찰, 검사, 판사, 변호사 등 법률관련 기관의 사람들이 술 마시러 오는 것을 목격하면서 업주의 말을 믿게 된다. 따라서 언니들이 경찰서에 조사받으러 가거나 단속에 걸려서 간 경우 평소에 업주에게 교육받았던 대로 진술할 수밖에 없다. 각자 처한 상황이 달랐던 언니들을 지원한 사례를 아래에 싣는다.

○○ 지역의 방석집에 갇혀서 성매매를 하고 있다는 사실을 안 언니의 가족들이 도움을 요청해 왔다. 활동가들은 언니 가족과 함께 ○○으로 긴급하게 갔다. ○○에 도착하여 가족들과 함께 경찰서에 긴급구조를 요청하였고, 별다른 마찰 없이 언니를 데리고 경찰서에 갔다. 언니는 "업소에서 성매매를 강요당하고, 몇 달 동안 자유롭게 외출 할 수 없었다"라고 경찰 조사 과정에서 차분하게 진술했다. 그가 일했던 곳은 개업한 지 얼마 안 된 업소로 마담을 따로 두지 않아 언니는 '임시 마담' 겸 업소 아가씨로 일했다. 또한 업소 여성들과 함께 테이블도 들어가고, 2차 나가고

업소 관리까지 하면서 업주에게 900만 원의 빚을 지고 있었다.

언니가 경찰서에 조사 받으러 갔을 때 30대 초반으로 보이는 여성이 업소 마담이라고 하면서 조사를 받고 있었다. 그는 "업주에게 빚도 없고, 2차도 없고, 감금도 없다"라고 했다. 경찰은 언니와 마담을 대질시켰고 언니는 "언니 나랑 같이 2차 나간 적 있잖아요. 계곡주도 했잖아요"라면서 감정에 호소하기도 하고, 답답한 마음에 추궁하기도 했다. 하지만 마담은 감금과 성매매가 없었다고 일관되게 진술했다.

언니는 우리에게 "저 언니를 이해할 수 없어요. 어떻게 저렇게 거짓말을 할 수가 있어요?"라고 했다. 활동가는 "업소에서 오래 일하면 저 일을 그만두는 것이 겁날 수도 있고, 업주에게 밉보이면 자기 자리를 잃을 수 있어서 불안할 거예요. 저 언니 오랫동안 아가씨로 일하다가 얼마 전에 마담이 되었다면서요. 마담 자리 놓치기 싫을 거예요. 빚도 있다면서요?"라고 했다. 한참 생각하더니 "마담 언니가 너무 불쌍해요" 하면서 언니는 울먹거렸다.

30대 초반 마담의 얼굴에서는 삶의 흔적과 세월이 묻어났다. 형사의 재차, 삼차의 추궁이 계속되었지만 마담은 흔들림 없이 일관되게 진술했다. 활동가는 마담과 대화를 한번 해 봐야겠다는 생각에 경찰에게 요청하였다. 덕분에 활동가는 마담과 이야기할 수 있는 시간을 가질 수 있었다. 경찰서의 아무도 없는 빈 공간에서 만났고, 그는 담배를 꺼내 물었다.

활동가는 "언니 입장이 이해가 가요. 내가 언니 입장이라도 그렇게 했을 거예요", "성매매 방지법에는 업주에게 받은 선불금은 무효라는 조항이 있어요. 업소에서 감금과 성매매 강요가 있었기 때문에 처벌받지 않고 보호받을 수 있어요. 언니도 처벌받지 않을 수 있어요. 업주 눈치 보지 말고 사실대로 말해 주세요"라고 했다. 마담은 "이렇게 이야기해 주시는 건 고마운데, 나는 이미 한쪽 귀를 막았어요. 내 진술이 사실이고 그 쪽 말은 귀에 안 들어와요"라고 답했다. "○○ 씨가 밉죠"라고 했더니, 그는 "아니요. 그 애가 살기 위한 방법이겠죠. 그게 옳다고 생각하지는 않지만요. ○○가 나를 그동안 잘 따라 주었고, 나도 ○○를 미워하진 않아요"라고 했다.

마담의 결심은 확고했다. 언니에게 유리한 방향으로 진술을 돌릴 수 없었다. 그래서 활동가는 마음이 바뀌면 연락할 수 있도록 연락처를 마담에게 건넸다. 그러면서 "언니 말대로 이 업소는 일하기 편하더라도 다른 가게로 갔을 때 부당한 일을 당할 수도 있잖아요. 그때 전화 주세요"라고 했다. 그의 휴대폰에 남자사진이 있었다. "애인이에요?"라고 물었더니 "지금 서울에서 직장 다니고 있어요, 나도 1년만 하고 이 일 그만둬야죠. 평생 할 수는 없잖아요. 머리핀 가게 할 밑천이라도 벌어서 일 그만둬야죠"라고 했다. "그래요, 돈 많이 버시길 바랄게요"라고 답했다.

조사실로 가기 전 언니에게 마담과의 대화 내용을 이야기해 주었다. 그러자 "마담 언니 불쌍하다"라며 조사를 받는 동안 계속 눈물을 흘렸다. 언니가 직접 마담과 이야기해 보려고 했으나, "업주가 무서워서 더 이상 말 못하겠다"라고 했다. 조사받는 과정을 업주가 옆에 앉아서 지켜보고 있었다. 우리는 경찰에게 "업주가 가해자인데 왜 옆에 있게 하느냐"라고 항의했고, 그제야 경찰은 업주를 조사실에서 내보냈다. 업주가 나가자 마담은 "내가 살아야지. 너도 이렇게 됐으니 나가서 잘살아라" 하면서 마주보고 대성통곡했다. 갑자기 조사실이 어수선해지자, 조사실 안에 있던 경찰들이 의아스러운 표정으로 그들을 쳐다봤다. 그렇게 언니와 마담은 서로 껴안고 한참 울었다.

서로 반대진술을 하고 있는 사람들이 이런 행동을 하니 경찰의 입장에서는 황당했을 것이다. 하지만 마담은 자신의 입장에서 살아남기 위해 최선의 선택을 할 수밖에 없었다.

'불가근불가원^{不可近不可遠}'의
존재, 경찰

언니들이 업소를 탈출하여 ○○지방경찰청에 신고했다. 우리가 그곳에 도착했을 때 언니들의 진술은 모두 끝난 상태였다. 담당 경찰팀원들은 전국 각지로 흩어져 관련자들을 긴급체포하느라 팀장 외에는 아무도 없었다. 시간이 지나면서 소개업자를 비롯하여 업주, 전주, 조직폭력배들이 하나둘씩 잡혀왔고, 조사부터 구속, 체포까지 총 3박 4일이 걸렸다. 나와 활동가들은 씻지도 못한 채 경찰청 특수범죄수사대 소파에서 언니들과 새우잠을 자거나, 새벽에 잠깐 나가서 눈을 붙이고 다시 돌아와야 했다. 경찰은 우리에게 수사를 잘 할 테니 돌아가라고 했지만, 그럴 수 없었다. 체포되어 오는 사람들이 이 사건과 관련이 있는지 언니들이 확인하고 진술서를 꼼꼼히 보고 수정하는 작업을 몇 차례 했다. 범죄자를 고소하고 언니들과 경찰서에 동행하는 데에는 기나긴 기다림과 인내가 필요하다.

언니들과 함께하는 활동은 모든 것이 소중하고 중요하다. 업소에 있거나, 업소에서 나오려고 하거나, 업소에서 나왔을 때 필요한 도움을 받을 수 있는 곳이 경찰이다. 언니들은 선불금 등 업소에서 일어나는 여러 가지 일들을 법적 절차를 통해서 해결하지 않고는 인생에서 한 걸음도 나아갈 수 없다.

경찰의 수사 여부에 따라 기소되거나 불기소되기도 한다. 이런 이유로 활동가들은 언니들의 조사 과정에서 경찰과 논쟁하고 반목하며 갈등하기도 하고 때로는 협력하기도 한다. 경찰과 현장 단체는 어느 순간은 친구였다가 어느 순간은 적이 되기도 했다. 그래서 우리는 경찰과 '불가근불가원(不可近不可遠)'의 원칙을 지키면서 언니들에게 유리한 결과가 나올 수 있도록 최선을 다했다.

성매매 여성들 대부분은 경찰서라는 공간을 무서워한다. 경찰이 '포돌이'라는 친근한 이미지로 시민들에게 다가가고 있지만, 언니들은 경찰서를 아직은 '무서운 곳, 나의 문제를 해결해 줄 수 없는 곳'이라 생각한다. 언니들은 업주로부터 "우리 친한 경찰·검사 많다, 경찰은 다 우리 편이다"라는 이야기를 많이 들었고, 실제로 업소에 와서 술 마시고 2차를 나가는 경찰과 검찰을 더러 보았기 때문이다. 그러나 막상 경찰서에서 조사를 끝내고 나오는 언니들은 "괜찮았다"라는 반응을 보이는 경우가 많았다.

상담소를 찾아 도움을 요청하지 않고, 혼자서 문제를 해결하기 위해 용감하게 경찰 조사를 받았지만, 도중에 뛰쳐나온 언니들도 있었다. 그들은 "경찰이 반말하고 함부로 대한다", "업주를 옆에 앉혀 놓고 조사하고 나보고 잘못했다고 돈 갚으라 윽박질렀다"라면서 울분을 토로했다. '혼자서 조사를 받느냐, 현장 단체가 함께 하느냐'에 따라 경찰의 조사 태도가 돌변하는 경우가 종종 있었다.

언니들이 업소 관계자를 고소하거나, 업소 관계자들에게 고소 당해 경찰서에 가면, 어느 지역 경찰서인가에 따라 경찰들이 언니를 대하는 자세나 해결 방법이 다르기도 했다. 활동가의 입장에서는 이런 상황이 난감하고 황당스러웠다. 그래서 우리는 경찰 조사 동행 시 객관적인 서류(공문이나 경찰청 지침서)를 준비하고, 논리와 증거로 때로는 비논리적인 감성과 인간애에 호소하기도 했다. 어떤 때에는 팽팽한 긴장감으로 사생결단을 내리라 생각하고 갔던 곳에서 오히려 큰 감동을 받기도 했다.

어느 날 언니가 살림 문을 두드렸다. 그는 ○○ 지역에서 일했는데 강제로 성매매를 했고, 업주가 계속 성매매를 강요하여 아침에 숙소를 탈출했다. 또한 긴급하게 탈출하는 바람에 모든 짐이 숙소에 있고, 아무것도 가지고 나오지 못했다고 하면서 짐을 찾고 싶다고 했다. 우리는 일단 ○○지방경찰청 여경기동수사대에(이하 여기대) 고소장을 접수했다. 그리고 언니의 아버지와 함께 ○○ 지역에 있는 방석집의 숙소인 ○○여관으로 짐을 찾으러 갔다. 짐을 찾으러 가기 전 우리는 여기대와 사전에 상의했고, 그들은 협조하기로 했다. 가는 날이 장날이었는지 그날 ○○ 여기대는 긴급한 사건이 생겨 우리와 함께하지 못하게 되었다. 그들은 '자신들은 가기 힘드니 인근 파출소에 도움을 구하라'라고 했다.

활동가들은 파출소에 도움을 구하지 않고 경찰 동행 없이 용감하게 언니가 거주했던 여관에 도착해서 짐을 챙기기 시작했다. 그런데 이 장면을 본 여관 주인이 업주에게 바로 전화를 걸었다. 그 순간 업소 영업부장이 여관 카운터 옆방에서 튀어나왔다. 그리고 활동가과 언니에게 입에 담지 못할 욕을 하면서 돈을 내고 짐을 가져가라고 윽박지르기 시작했다. 그 돈은 언니가 업소에서 일할 때 받은 불법 선불금 채무를 말하는 것이었다. 시간이 갈수록 상황은 험악해지기 시작했고, 여기저기서 사람들이 모여들었다.

우리는 여관 주인에게 여관비는 내겠다고 했으나, 그들은 막무가내였다. 상황이 진행될수록 여관비와 상관없이 업소 채무 문제가 불거졌고 활동가는 다급하게 112에 신고했다. 신고 후 ○○파출소에서 활동가에게 전화를 했다. 그는 "이 사건은 내가 보기에 민사인 것 같은데, 신고가 들어왔으니까 일단 가 보기는 하겠지만 경찰은 민사에 개입 못 합니다"라고 했다. 순간 기가 막혔다. ○○파출소는 왜 현장에 나와 보지도 않은 채 업소 이야기가 나오자마자 그것은 빚에 의한 채무이며, 민사소송을 해야 한다고 말하는 것일까? 그 경찰의 상황 판단력이 그저 의아할 따름이었다.

경찰들은 여관에 도착하자마자 우리에게 '여관비를 내야 한다'고 했다. '여관비를 내겠다'고 했다. 그 말이 끝나자마자 경찰들이 우리를 세워 놓고 일장 연설을 시작했다. 요지는 언니가 사기로 법에 걸릴 수 있다는 것이었다. 그들은 우리에게는 상황에 대해 설명할 기회조차 주지 않고 자신의 이야기만 했다. 그러면서 그 사이 도착해 있던 업주를 향해 "이 아가씨 고소하세요"라고 하면서 돌아가려고 했다. 업주는 여관 문을 막고 서 있었고, 활동가는 업주의 어깨너머로 경찰을 향해 "차 탈 때까지만 신변보호를 해 주십시오"라고 했다. 그러자 "안 해 줍니다. 우리가 그런 거 왜 해 줍니까?"라고 도와달라는 요청을 단호하게 거절했다.

경찰이 그렇게 돌아간 이후의 상황은 더욱 끔찍해졌다. 경찰의 행동에 자신감을 얻은 업주, 영업부장, 그리고 곧 도착한 소개소 소장은 기고만장해져서 날뛰었다. 처음에는 여관방으로 언니를 끌고 가려고 했고, 소개소로 데려가서 다른 업소로 팔아넘기겠다고 위협했다. 그렇게 우리는 위협적인 상황 속에서 여관에 감금당해야 했다. 그들은 언니를 소개소에 데려가서 다른 업소에 추라이를 보게 하려고 했다. 언니의 팔목을 붙잡고 욕설을 하면서 끌고 나가려는 업주를 말리자, 업주는 우리에게 언니의 선불금에 대한 보증을 서라고 했다. 우리는 돈은 나중에 줄 테니 지금 제발 언니를 놓아 달라고 했지만 소용이 없었다. 우리는 ○○여기대에 전화를 해서 다급하게 상황을 알렸다. 소개소 소장과 여기대 대장이 통화를 했지만 무용지물이었다. 소개소 소장은 전화를 끊고 나자 다시 언니를 차에 태우려고 했다. 그제서야 사건의 심각성을 깨달은 ○○여기대는 해당 지역의 ○○여기대에 연락했다.

불행 중 다행히도 ○○여기대는 ○○로터리 근처인 ○○경찰서에 외근을 나와 있는 상태였다. 그들은 활동가에게 금방 갈 테니 시간을 끌어 달라고 했다. 우린 소개소 소장 말을 들어주기도 하고, 협상도 하고, 고함을 지르고 싸우기도 하고, 언니를 보낼 수 없다고 실랑이를 벌이면서 시간을 끌었다. ○○여기대는 이전의 112출동보다 더 빠르게 현장으로 왔다. 차에서 경찰이 내리자 기세등등한 업주와 소개소 소장은 당신은 뭐냐는 듯이 당당하게 이야기를 했다. ○○여기대는 자신들의 신분을 밝히고 모두 ○○지방경찰청으로 가자고 했다. 그렇게 해서 모두 경찰청으로 연행되었다.

○○지방경찰청에서 활동가들은 그날 벌어졌던 긴급하고 복잡했던 상황과 이전에 언니와 상담했던 내용을 토대로 참고인 조사를 받았다. 그리고 언니는 업소에서 일어났던 부당한 상황에 대해 조사를 받았고, 여관 주인과 업소 관계자들도 조사를 받았다. 조사는 저녁 늦게까지 계속되었다. 언니를 청소년 시절부터 유흥주점에서 일하도록 소개하고 이용해 왔던 가해자를 잡기 위해 밤 10시가 넘은 시간에 출동했고 가해자는 긴급 체포되었다.

지구대 경찰의 판단 착오로 활동가와 언니는 납치될 뻔했다. 우리는 그 상황을 모면하기 위해 '정말로 보증을 서야 하는 것은 아닐까?'라는 생각도 잠시 했었다. 지금 생각하면 어처구니없지만, 그 당시에는 강요에 의한 보증은 법적 효력이 없으므로 언니를 구출하기 위해서는 그렇게 해야 한다고 생각했다. 이후 우리는 언니와 활동가를 위험에 빠뜨리고 자신들의 임무를 다하지 못한 파출소 직원들을 징계해 달라는 진정서를 경찰청에 제출했다. 진정서 처분 결과 해당 경찰들은 '성매매 피해여성 사건에 대한 예방과 신중한 사건 처리를 위한' 특별교양을 받았고, 그들이 자필로 쓴 교양 내용을 우리에게 보냈다. 그리고 ○○지방경찰청 여기대의 적극적인 체포와 수사 등으로 이 사건은 무사히 마무리 될 수 있었으며, 가해자는 징역 2년 구형을 받았다.

이 사건을 계기로 우리는 ○○여기대와 한동안 밀월(?) 관계를 유지했다. 우리는 ○○ 지역에서 일어나는 사건뿐만 아니라 다른 지역 사건까지도 모두 ○○여기대로 가져갔다. 그들은 열정을 다해서 피해자의 입장에서 사건을 진행했다. 시간이 지나면서 ○○ 여기대 팀원들이 하나둘 다른 곳으로 발령 났고, 우리들의 밀착과 애착의 관계는 옅어지다가 서서히 사라졌다.

경찰의 '중립'에 대처하는 방식

언니들과 함께한다는 것은 사회적 관습과 편견에 젖어 있던 언니들에 대한 나의 왜곡된 생각에 저항하고 이것들을 바꾸는 일이었다. 나와 활동가뿐 아니라 세상 모든 사람들의 언니들을 바라보는 시선은 변해야 한다고 생각했다. 우리가 언니들 외에 가장 많이 만나는 사람들인 경찰도 예외는 아니었다. 이들이 언니들을 어떻게 단속하고, 수사하느냐에 따라 언니들의 인생은 180도 달라진다.

상담 과정에서 만나는 언니들은 보통 2~3천만 원 정도의 빚을 지고 있었다. 빚을 안고 업소를 나와서 지금까지 살아왔던 삶과는 다른 삶을 살기는 쉽지 않다. 다른 삶을 살기 위한 필수 조건은 빚 청산이다. 법률상으로 성매매를 전제로 한 선불금은 무효다. 그러나 성매매를 전제로 한 선불금이라는 것을 입증하는 것이 쉽지 않고, 입증의 책임도 언니들에게 있다. 빚의 성격이 선불금이라는 것을 입증하기 위해서는 처벌받기를 각오하고(성매매 특별법에서는 피해자로 인정받지 못한 성매매 여성을 처벌한다) 업주나 사채업자, 일수업자, 마담 등을 성매매 알선자로 고소해야 한다.

새로운 삶을 살기 위한 길에서 여성들은 범죄자가 되고 선불금이 무효화되지 않는 상황이 빈번히 일어났다. 업소에서 벗어나기 위해 선택한 길이 범죄자라는 올가미가 되어 돌아왔다.

2000년대 초반 윤락행위 방지법 등이 적용될 때에는 성매매 여성이 업소 관계자들을 고소하면 활동가들이 경찰 조사 시 동석하는 것이 불가능했다. 동석의 법적 근거가 없던 시기인지라, 우리는 경찰청, 검찰청에서 만든 성매매 여성 조사 시 지침서나 공문, 외국 사례들을 복사해서 가지고 다니면서 경찰을 설득했다. 그들은 우리가 동석하는 것을 불편해하면서(수사에 관여한다고) 마지못해 동의해 주거나 혹은 조사 과정에 얼씬도 못하게 했다. 법적 조항이 없으니, 활동가의 동석 여부는 순전히 경찰의 마음이었다. 우리는 경찰의 너그러운 아량과 측은지심의 은혜로운 (?) 마음을 기다려야 했다.

2004년 제정된 성매매 특별법에 '경찰조사 시 신뢰관계자의 동석조항'이 신설되었다. 이 법으로 인해 성매매 여성 조사 시 활동가의 동석은 허용되었고, 사법기관들이 피해자 조항을 폭넓게 해석하면서, 언니들을 기소하지 않는 사례가 늘었다.

경찰은 업소에서 선불금과 폭력, 감금 등이 있으면 피해자로 인지하고 수사했다. 하지만 우리는 "선불금이 있더라도 경찰서 오기 며칠 안에 다 갚으면 어떻게 되느냐? 그러면 어제는 피해자고 오늘은 피의자인가? 설령 선불금이 없더라도 가족 생계를 책임지는 경우는 어떻게 하느냐? 10대부터 시작하여 몇십 년 동안 업소에서 살아온 여성들이 단속되면 피의자로 처벌할 것인가? 모든 성매매 여성들은 사회구조 안에서 피해자다"라고 주장했다.

그럴 때면 경찰은 우리에게 훈계하듯이 말했다. "중립적인 시각에서 봐라, 왜 그 여성들 편만 드냐?" 그들이 항상 강조했던 것이 '중립'이었다. 그들의 중립은 우리 사회의 가치와 관습을 따르는 교육에서 나온 중립이었고, 권력자의 입장에서 이어져 온 관념의 중립이었다. 그들은 심각하게 기울어진 운동장에서 살아가면서도 그런 곳에서 살아간다는 것을 깨닫지 못한 채 기존 사회 체제를 유지하기 위해 안간힘을 쓰고 있었다.

인권 개념으로 철저히 무장된 우리는 언니들이 조사받을 때 동석 여부로 경찰과 기싸움을 벌였다. 우여곡절 끝에 조사 동석이 가능해지면 언니 옆에 앉아서 경찰의 말투(반말, 비아냥거림), 질문 태도(업주 입장에서 질문, 언니에게 죄를 인정하라는 말투) 등으로 신경전을 벌였다. 그러다 언니가 힘들어하거나 어떤 대답을 해야 할지 생각이 나지 않는 상황이 생기면 잠깐 진술을 중단하고 화장실이나 복도 등에서 언니의 생각을 떠올리며 대답할 내용을 가다듬었다.

경찰의 질문 태도나 내용이 불만스러우면 조사를 끝내지 않고 조사실을 박차고 나오기도 했다. 또 그들의 태도에 분노한 우리는 경찰서 내 청문 감사실을 찾아가거나 경찰청에 진정서를 썼다. 몇 년 동안 정말 많은 진정서를 썼던 것 같다. 그 당시 경찰청 여성청소년과장은 나만 보면 "진정서 그만 쓰세요. 인제 우리 경찰 많이 괜찮아지지 않았어요?" 하며 우리를 진정서 남발 단체로 여겼다.

　그러던 중 사건이 터졌다. 한 활동가가 언니와 경찰서에 갔다와서 펑펑 울었다. "왜 그래요, 무슨 문제 있어요?" 수차례 물었으나 그는 대답은 하지 않고 계속 울기만 했다. 실컷 울고 나서도 울분을 삭히지 못하고 "진정서를 써야겠다. 참을 수 없다. 나쁜 것들" 하면서 씩씩댔다. 조사를 하는 경찰이 "법적인 조항이 없어서 동석 안 된다, 업소에서 일한 아가씨들인데 이래 빚이 많네. 사기가 틀림없네. 너희들이 뭔데 조사를 방해하려고 하냐? 나가라" 했다는 것이었다. 지루한 실랑이 끝에 활동가는 조사받는 언니 옆에 앉아 있기는 했으나 언니와 잠깐 이야기하는 것조차 금지했고 화장실도 가지 못하게 했다. 진정서를 접수하고 몇 달이 지났을 때쯤, 난데없이 경찰 두 명이 상담소에 들이닥쳤다. 그들은 굉장히 흥분한 상태였고 "당신들 때문에 징계를 먹고, 다른 경찰서로 좌천되었다. 어떻게 이럴 수가 있느냐"라고 항의했다. 일단 진정시켜야 했기에 그들을 상담실로 데리고 들어갔다. 서로 잘잘못을 따지는 말들이 오고 갔다. 경찰은 "살림이 과도한 간섭을 하는 게 아니냐? 상담소는 수사권이 없다, 간섭하지 마라" 했다. 이에 나는 "경찰도 수사권 없기는 마찬가지다. 검찰에 있지 않냐?"라고 받아쳤고, 한동안 서로의 자존심을 건드리는 신경전이 계속 이어졌다. 격렬한 기싸움 후 진정한 우리는 경찰과 활동가의 어려움을 서로 이야기했다. 정오쯤 시작된 신경전이 해질 녘까지 이어졌다.

　저녁시간이 다 되어서 "일단 밥 먹고 다시 싸우자"라며 식탁으로 자리를 옮겼고 냉장고에서 반찬을 꺼내어 함께 저녁을 먹었다. 반주도 곁들인 저녁자리에서 "너희들이 뭐 잘났냐", "잘난 것도 없는 것들이 ××이다" 하는 말로 서로 생채기를 냈다. 그러는 사이 식탁 위에는 술병이 하나둘씩 늘어 갔다. 술병이 늘어날수록 감정이 격해져서 서로 원망하며 울분을 쏟아냈다. 그렇게 새벽녘이 밝아 오고 있었다. 어느샌가 각자의 고충을 이해하는 자리가 아니라 '누가 누가 술이 센가'를 대결하는 자리가 되어 버렸다. 독한 인간들이었다. 자신들의 일에 대한 자부심과 자존심으로 시작한 만남이 주량에 대한 자존심 대결의 장으로 변모해 버렸다.

그 후로도 우린 인권 개념이 없는 경찰과 논쟁하는 것을 두려워하지 않았다. 시청 주최 성매매방지 심포지엄이 열렸을 때, 당시 부산지방경찰청 여성청소년계 계장은 "부산지방청 여성청소년계에 내려오는 설이 있다. 부산지역에서 조심해야 할 여성단체장이 두 명 있는데, 그중 한 사람이 여기 있는 살림 소장이다"라고 했다. 순간 당황했다. 하지만 비난보다는 칭찬으로 들렸다. 활동가로서 경찰에게 듣는 최고의 칭찬 아닌가?

현장을 아는 검사가
한 사람의 인생을 바꾼다

성매매 여성 인권활동을 하면서 법을 집행하는 사람들 중 가장 많이 만나는 사람이 경찰이다. 경찰은 여성단체 활동에 협조적이든 비협조적이든 활동가들과 시시때때로 만나면서, 인권침해 상황에 대해 교감하기도 하고 치열하게 싸우기도 하며 그 간극을 좁혀 나간다. 그러나 검찰은 경찰에서 수사한 내용을 토대로 기소 여부를 판단한다. 때문에 가끔씩 경찰에서 작성한 조서 내용이 부실하거나 사건 판단이 모호할 때 여성들을 부르는 경우를 제외하고는 소통 공간 자체가 없다.

어느 날 ○○지방검찰청에서 연락이 왔다. ○○ 언니 사건에 관해서 물어볼 것이 있으니, 잠깐 검찰청에 들러 달라고 했다. 자신은 검사가 아니고 검사보 신분으로 실습 중이라고 했다.

검사보는 ○○○이라는 여성을 수사 중인데, 진술조서를 검토해 보니 사기혐의로 당연히 기소해야 한다고 생각하여 실습을 책임지고 있는 검사에게 의견을 내었더니, 검사가 재조사해 보라고 지시했다고 했다.

재조사를 지시한 검사는 ○○ 지역 검찰청에서 오랫동안 일을 한 사람이었다. 그 검사는 그곳에 업소 여성들의 사기 사건이 너무 많아서 골머리를 앓았다고 했다. 처음에는 법전을 바탕으로 사기로 판단하고 성매매 여성들을 모두 기소했다. 그런데 업주들이 여성들을 사기로 고소하는 일이 계속 일어났다. 그는 수사를 하면 할수록 여성들이 사기를 쳤다고 판단하기에는 무리가 있다는 것을 알게 되었다고 했다. 오히려 업주와 여성들의 개인적 채무보다는 업소의 영업 형태에 초점을 맞추어 수사를 하게 되면서 성매매를 전제로 한 선불금이 있다는 것을 알게 되었다. 그렇기에 이번 사건도 그와 관련된 가능성이 있으니 검사보에게 신중하게 검토해서 결론을 내리라고 지시했다고 했다.

그러면서 검사보는 언니의 선불금 형성 과정, 업소에서의 인권침해 상황 등 지금까지의 경험을 바탕으로 이야기를 해 달라고 했다. 몇 시간 동안 업소 유형이나 변칙적인 여러 가지 벌금들, 업주나 성구매자로부터 당하는 폭력, 소개소를 통해 팔려가는 과정 등 언니들이 겪는 인권침해 상황들에 대해 이야기했다. 그리고 언니들의 선불금은 빚에 의해 팔려가는 사실상의 인신매매다. 언니를 사기혐의로 고소한 업주를 철저히 조사하여 성매매 알선, 착취, 선불금을 이용한 인신매매로 처벌해야 한다고 했다.

검사보는 이야기를 다 듣고 나서 "선임검사를 잘 만난 것 같다. 그렇지 않았으면 몰랐을 상황들을 알게 되었다", "검사는 법전에 충실해야 하지만 사건 하나하나에 얽힌 여러 가지 상황들에 대한 고려도 필요하다는 것을 깨닫게 되었다"라며 고마워했다. 결국 언니는 무혐의 처분을, 업주는 성매매 혐의로 벌금형을 받았다.

　현장을 잘 아는 검사를 만나 언니의 인생이 달라졌다. 성매매 산업의 구조를 모르고 법전에 충실한 사람을 만났다면 어떻게 되었을까? 아마 사기혐의로 처벌받았을 것이다. 선불금의 성격을 규명하기 위해 이렇게 의욕을 가지고 수사하는 검사가 얼마나 될까? 현장 활동가로 있는 동안 이런 검사를 몇 명 만나지 못했다.

'손님'으로 만난 검사

　　　　　　업소 선불금 사기사건의 실체를 정확하게 보고 공
정하게 수사하는 검사가 있는 반면, 성매매를 하는 검사도 있었
다. 2010년 4월에 방영된 MBC 〈PD수첩〉은 부산·경남지역의
전직 모 건설업체 대표가 현직 검사장을 비롯해 100여 명의 검사
들에게 향응과 금품을 제공하고 성상납까지 했다는 사실을 폭로
했다. 성매매를 한 검사들의 이름뿐만 아니라 성매매가 이루어진
모텔 내부와 참고인의 증언 등이 방송되면서 우리를 경악하게
했다.

　지역 여성단체는 이 사실을 묵과할 수 없었다. 우리는 〈PD수
첩〉에서 거론한 검사들을 ○○지방검찰청에 고발했다. 그리고
시민사회단체들과 함께 검찰청 앞에서 1인 시위를 했다. 검사가
다른 검사의 비리를 수사하면 결과가 어떨 것이라는 것을 뻔히
아는 상황이었다. 그래도 우리는 그들에게 일말의 기대를 걸어
보기로 했다.

　우리는 일명 'J 리스트'에 등장하는 57인을 고발하고, 고발 인
원을 57명으로 정했다. 그러나 57인의 공동고발이 대검찰청의

비협조로 무산되면서, 각 개인들이 고발인이 되었고, 한 사람씩 릴레이 고발장을 ○○지방검찰청에 접수했다. 특별히 대표 고발 인은 지정하지 않았다. 하지만 이후 조사과정에서 특정 고발인에 게 고발인 조사 위임이 가능하도록 했다.

고발 내용은 이러했다.

문화방송 'PD수첩' 제작진은 위 제보자의 수첩에 기재된 사 항에 대한 사실 확인 과정에서 제보자의 수첩에 기재된 특정 검사의 성매매범죄 사실을 입증할 수 있는 참고인의 증언까 지도 확보해서 인터뷰한 내용을 보도하였습니다. 특히 2009 년 3~4월에 향응을 제공한 사실도 문건에 기록되어 있습니다. 2009년 3월 30일 ○○○ 대검 감찰부장이 두 명의 부장검사와 함께 접대 받은 사실이 구체적으로 적시되어 있으며, ○ 씨는 언론을 통해 동석한 부장검사 중 한 명에게 성접대를 했다고 구체적으로 적시하고 있습니다. 또한 정 모씨와 ○○○ 지검장 과의 통화내용에는 원정 성매매를 여러 차례 했음을 시사하는 내용이 나왔고, ○ 지검장을 룸살롱에 세 번이나 데려다 줬다 는 증인과 룸살롱에서 나오는 ○○○ 지검장을 목격했다는 증 언도 나온 바 있습니다.

나아가 자신은 검사들에게 성접대를 했다고 하면서 '○ 검사 등은 ○○ 사람이 아니고 객지 사람들인데 그 술집이 처음이 아니었다. 거기 가니까 자기 파트너가 있었다. 심지어 평검사

두 명이 단골로 찾는 아가씨들이 있었다. ○ 검사 등 3명은 술 마시고 2차를 하기 위해 모텔로 올라갔다. 당시 룸살롱 위층에 모텔이 있었다. 나와 ○ 검사는 3명의 검사들이 2차를 마치고 나올 때까지 남은 술을 먹으면서 얘기를 나눈 적도 있다'라고 구체적으로 검사들이 성매매한 사실을 적시하고 있습니다. 나아가 ○ 검사는 ○○에 근무할 때는 ○○으로 원정을 다니면서 접대에 이어 성매매까지 했다고 하고, 현재 ○○지검 차장으로 있는 ○ 검사가 ○○지청에서 시보를 할 당시 수석검사였던 또 다른 ○ 검사를 따라 다녔는데, 5~6번 정도 성접대를 받았다고 하고 있습니다. (생략)

암묵적으로 알고 있던 검사들의 성매매는 언론을 통해 적나라하게 드러났고 그들의 치부가 까발려졌다. 점심시간 검찰청 앞에서 1인 시위를 하는 동안 검찰청 직원들과 시민들의 반응이 너무 좋았다. 특히 검찰청 직원들은 "잘한다, 계속해라, 오만한 것들 언젠가는 저렇게 될 줄 알았다"라며 응원과 격려를 아끼지 않았다.

언니들과 조사 받으러 경찰서나 검찰 혹은 재판을 받기 위해 법정에 가면, '업소에서 일할 때 온 손님'이었다고 하는 경우가 종종 있었다. 반신반의했는데, 이 사건을 통해서 언니들의 말이 사실이라는 것을 알게 되었다.

'장관의 방문' 이후 남은 것

　　살림 활동가들은 언니들과 함께한다는 것에 대해 긍지와 자부심이 남달랐다. 특히 언니들을 만날 때면 밤낮을 가리지 않는 열정과 사명감이 활활 타올랐다. 열정과 자발성이 남달랐던 만큼 누구에게 부당한 간섭을 받거나 지적당하는 것을 싫어했다. 특히 공공기관과 살림은 맡은 업무에서는 차이가 있을지언정, 파트너십을 가진 대등한 관계라고 생각하고 행동했다. 대부분의 공무원들은 대등한 파트너십 관계를 가지고 서로 우호적으로 협력했다.

　그런데 이런 관계가 가끔씩 어긋날 때가 있었다. 특히 서울에서 높으신 분들이 살림을 방문하면 그들은 정말 공무원이 되었다. 어느 날, 여성부장관과 차관이 살림을 방문했다. 그들은 어찌된 일인지 사건이 터져 연일 신문에 대서특필 되거나, 활동가들이 정신없이 바쁠 때 여유롭게 공무원들을 대동하고 나타났다.

　서울 하월곡동 화재 사건(2005년 3월 27일 일명 '미아리텍사스'로 불리는 하월곡동 업소에서 화재가 발생했다. 탈출구가 없는 성매매업소에서 발생한 화재로 5명의 여성이 사망했다.) 이후 완월동 업주, 상인

들의 반발로 언니들을 만나는 것이 순조롭지 못하고, 아웃리치
(Outreach, 손을 뻗는다, 나가서 닿는다의 뜻으로 외부사람이 업소에 방문
하거나 업소 입구에서 언니들에게 물품을 나누어주는 행위. 간단한 목례,
눈인사, 안부를 묻는 등의 행동을 뜻한다)도 힘겹게 진행되는 상황이
계속되고 있을 때 여성부 장관이 살림을 방문한다는 연락을 받
았다. 모든 일이 꼬일 대로 꼬여 있어 길이 보이지 않는 상황에
서 장관의 방문은 우리에게 힘을 실어 주는 절호의 기회가 될 것
이라고 생각했다. 그래서 우리는 현장 상황을 바탕으로 정책 제
안서(성매매 여성들에 대한 지원 대책, 집결지 단속 상황과 여성부의 역할
등)를 만들고, 활동가 모두가 참여하는 장관과의 열린 대화를 기
대하며 준비하고 있었다.

하지만 우리의 기대는 어긋났다. 장관 방문 며칠 전 담당 공무
원이 현장점검을 나왔고 구석구석을 살피면서 입을 대기 시작했
다. "화장실 청소해야겠어요. 문은 꼭 몇 년 동안 청소 안 한 것
같아요. 여기 저기 때가 꼬질꼬질하네요. 내가 근래에 구매한 락
스가 있는데 집에서 사용해 보니 때가 정말 잘 지워지더군요. 내
일 가져다 줄게요", "전체적으로 대청소를 한번 해야겠어요. 창틀
에 먼지가 많고 상담실도 서고도 엉망입니다"라고 했다. 담당 공
무원의 입장에서는 손님을 맞이하기 위한 준비라고 생각할지 모
르겠으나 나는 과도한 간섭으로 느껴졌다. 장관이 현장 상황을
직접 알아보기 위해 오는 것이지 사무실 청소 상태 점검하러 오
는 것은 아니지 않는가?

담당 공무원은 그 후로도 장관이 앉을 책상과 의자를 보고 "너

무 작아요. 이것 말고 다른 것 없어요? 없으면 구청에서 가져와야겠어요"라고 했다. 그러나 나는 '그냥 우리 것 하면 안 되겠어요? 에이, 좋기만 하구만, 현장에 오면 현장의 상황에 따라야 하는 것 아닌가?'라고 소심하게 마음속으로 되뇌고 있었다.

"찻잔 받침대 없어요?"라고 묻는 그의 말에 소심하게 "그냥 머그잔으로 드시면 안 될까요?"라고 했더니 그는 "구청에서 가지고 올게요"라고 했다. 1차 점검을 끝낸 며칠 후 그는 '성능 좋은 청소세제'를 가지고 왔다. 직접 시범도 보이고 하더니 "청소 같이 해야 하는데 도와주지 못해서 미안합니다" 하고 가 버렸다.

세제가 성능이 정말 좋았다. 묵은 때로 가득했던 화장실과 상담소 집기들이 반질반질 윤을 내면서 새 옷으로 갈아입었다. 우리는 "장관을 화장실로"를 외쳤다. 온 사람은 전혀 관심 없는데 그날 활동가들은 화장실 문만 쳐다보고 있었다.

의전용 책걸상에 대해서는 "장관이 현장 상황을 이해하는 것이 필요하고, 공공기관에서 사용하는 탁자나 소파를 가져다 놓으면 우리가 어떤 환경에서 일하고 있는지 알기 힘들다. 하고 싶은 대로 하겠다. 로마에 가면 로마법을 따라야 한다"라고 했다. 몇 번의 실랑이 끝에 우리가 원하는 대로 하기로 했다. 그러고 나서 공무원이 한마디 덧붙였다. "깨끗하게 청소해서 배치해 주세요" 우리 집기가 그렇게 더러운가? 자세히 관찰했더니 지저분하기는 했다. 물건을 살 돈이 없었기에 다른 사무실에서 버리는 것을 기증받거나 길거리에서 주워 왔기 때문에 당연히 지저분할 수밖에 없었다. 찻잔은 구청에서 가지고 왔다. 꽃무늬가 우아한 자태로 놓여 있는 찻잔이었다. 그 이후 구청에서 가져온 것과 비슷한 것을 구입했다. 하지만 아무도 사용하지 않는 의전용 찻잔으로 고이 간직되었다.

몇 년 후 차관이 자활지원센터(상담소와 다른 구에 소재하고 있었다)를 방문했다. 그런데 차관 방문이 더 극성스러웠다. 상담소와 다르게 자활지원센터가 입주한 건물은 지은 지 몇 년 되지 않은 새 건물이었다. 활동가들과 자활지원센터에서 일하는 언니들 모두가 투입된 대청소 작전이었다. 60여 평 남짓한 공간을 3일 동안 청소하고 나서 그들은 심하게 몸살을 앓았다.

공무원들은 의전용 탁자와 의자, 찻잔, 빔프로젝트 등 모든 것을 구청에서 트럭으로 실어 날랐다. 황당하게도 연설 받침대까지 가져왔다. 그리고 경찰들이 자활지원센터 주변에 꽉 깔리는 바람에 우리의 정체(성매매 여성들이 일하는 곳)가 주변 사람들에게 알려졌다. 인권 감수성이 없는 탁상행정의 전형이었다.

대통령이 방문하면 정말 난리가 나겠다는 생각이 들었다. 우리가 입주한 건물이 지저분하다면 건물까지 새 건물을 짓게 하고 올 것 같았다. 그러나 기다리던 새 건물과 대통령은 나타나지 않았다.

성공한 007작전

전화기 너머로 다급한 목소리와 함께 '살려 달라'는 여성의 목소리가 들렸다. 그는 ○○ 지역의 룸살롱에서 일하고 있고, "어젯밤에 손님과 2차를 나갔는데 밤새 폭력에 시달리다 2차 비용도 못 받고 새벽녘에 업소로 돌아왔다. 그런데 업주는 위로는커녕 심한 욕설을 하며 자신에게 의자를 던지고 폭행했다"라고 했다. "지금까지는 선불금 갚으려고 생리해도 2차를 나가고 진상 다 받아가면서 때려도 참고 일했다. 이제는 못 참겠다"라고 했다. 언니는 선불금, 강제 성매매, 외출 제한, 폭행 등에 시달리고 있었다.

그런데 언니가 전화를 한 곳이 ○○라 아무리 빠르게 이동하더라도 다섯 시간은 족히 걸리는 거리였다. 그 시간 동안 언니의 신변에 어떤 일이 생길지 알 수 없었다. 지역 경찰에 도움을 요청하고 싶었지만 그들을 믿을 수 없었다. 언니에게 업소 분위기를 보고 업주의 감시가 느슨할 때 부산까지 택시를 타고 오라고 했다. 다행히 업소에서 탈출하여 부산으로 왔다. 하지만 긴급하게 나오면서 증거가 될 만한 것을 전혀 가지고 오지 못했다. 증거가 없는 상황에서 업주를 고소하기에는 무리가 있었다. 업주가 '이 여성은 자기 업소에서 일한 적이 없고 알지도 못 한다'고 발뺌하면 그만이었다.

언니는 업소에서 지각이나 결근 시 벌금을 올리는 방법으로 업소에 들어왔던 1개월 전보다 선불금이 몇 배로 뻥 튀겨져 있었다. 또한 업주의 폭행이나 폭언, 외출 제한, 선불금을 갚아야 한다는 이유로 강제로 2차를 나가게 했던 것 등의 피해가 너무 심각했다. 경찰을 믿을 수 없었던 활동가들은 직접 증거를 수집하기로 했다.

언니가 업소를 탈출한 다음 날 우리는 ○○으로 갔다. 업소 영업이 보통 10시 이후에 이루어지기 때문에 우리는 어스름한 저녁녘에 길을 나섰다. 이동하는 중에 차 안에서 각자 맡은 역할에 따라 열심히 사전 연습을 했다. 특히 성구매자 역할을 맡은 자원활동가는 업소를 많이 이용해 본 사람으로 보이기 위해 사전에 아는 사람들에게 조언을 얻었다. 뿐만 아니라 목소리의 높낮이, 표정, 말투 등을 반복하고 또 반복했다.

업소 근처에 도착하자 언니는 업주나 마담, 업소 삼촌들과 마주칠까 두려워했다. 우리는 언니의 두려움을 해소시키기 위해 업소 주변을 여러 차례나 둘러보았다. 그리고 몇 번의 망설임 끝에 자원 활동가는 손님인 척 위장하여 업소에 들어갔다. 우리는 주변을 두리번거리며 초조한 마음으로 기다렸다.

일각이 여삼추라 느껴질 정도로 초조해하고 있을 때 업소에 들어갔던 그가 우리를 향해 빙긋 웃으며, 당당하게 걸어왔다. 혹시 업주가 알아채고 뒤쫓아올까 봐 재빠르게 그곳을 벗어났다. 시내를 벗어난 우리는 차를 세우고 녹음기를 틀어 보았다. 2차 나간다는 내용이 정확하게 녹음되어 있었다. 일제히 함성을 질렀다. 한 번에 이렇게 성공하다니. '대단하다, 멋지다'로 자화자찬했고 언니는 너무 기뻐서 눈물을 흘리며 고맙다는 말을 연발했다.

직접 증거를 수집해서 뿌듯하기도 했지만 법을 집행하는 경찰들이 많은데 왜 활동가들이 먼 길을 달려와서 이런 일들을 해야 하는 것일까? 왜 우리는 경찰에게 도움을 요청하지 못하는 것일까? 하는 생각이 들었다. 수집한 증거를 가지고 업주를 고소한다고 하더라도 업주가 처벌받고 언니는 자유로워질 수 있을지 어떤 것도 예단할 수 없었다.

활동가의 '추라이'로 업주 긴급체포하다

룸살롱에서 일한 청소년을 만났다. 업주는 그가 어린 줄 알면서도 2차를 나가게 하고는, 미성년자인 줄 몰랐다고 계속 발뺌을 했다. 또한 그는 성매매를 시킨 사실도 없다고 주장했다. 우리는 경찰서에 사건경위서를 제출하였고, 경찰은 즉시 수사를 시작했다.

하지만 경찰은 증거도 없이 고소인의 말만 듣고 업주를 체포할 수 없었다. 청소년이 일했던 룸살롱에서 성매매가 이루어지고 있다는 증거를 확보하기 위해서는 누군가 업소에 들어가야 했다. 수사팀에 여자 경찰이 없어서 그들은 우리에게 피해 여성과의 동행을 부탁했다. 그리고 함께 갔던 활동가가 증거를 확보해야 했다.

활동가는 업소에 일하러 온 것처럼 위장하고 들어가서 추라이를 봐야 했다. 또한 업소에서 2차를 나간다는 사실을 정확하게 녹음하는 것과 함께, 업주가 업소에 지금 있는지, 있다면 몇 번방에 있는지, 누가 업주인지를 정확히 파악하여 경찰에 알려주어야 했다.

업소 밖에 경찰들이 대기하고 있음에도 활동가는 긴장이 되어 다리가 후들거리고 정신이 멍해졌다. 룸살롱은 지하에 있었다. 각 방에는 불국사, 석굴암 등의 문화재 이름이 붙어 있었다. 정신을 똑바로 차리고 어떤 유적지로 들어가는지 기억해야 했다. 활동가가 들어간 유적지는 첨성대였다. 지하라서 그런지 전화가 잘 연결되지 않았다. 경찰에게 첨성대에 있다는 사실을 알려야 하는데, 추라이는 계속되는 와중에도 문자는 보내지지 않았다.

업주가 묻는 말에 건성으로 답하며 온 신경은 휴대폰을 향해 있었다. 첫 번째 질문은 "부모님은 살아 계시고?"였다. 살아계신 부모님을 돌아가셨다 할 수 없어 그렇다고 답했다. 그다음은 "어디서 일했노?"라고 물어왔다. 지금까지 언니들을 만나면서 들었던 많은 업소 이름들이 퍼뜩 떠오르지 않았다. 순간적으로 최근에 고소했던 ○○ 업소를 이야기했다. 다음은 "차지(룸살롱에서 사용하는 용어로 테이블 서비스 비용과 성매매 비용을 모두 합해 이르는 말)가 얼마고?"라는 질문이었다. 아무런 의미 없이 순수하게 ○○에서 업소 비즈니스가 어떻게 되고 있는지 알고 싶어서 하는 질문 같았다. 8에 25인지(테이블 비용 8만 원에 2차 성매매 25만 원이란 뜻), 10에 20인지 헷갈렸지만 8에 25인 곳도 있고, 10에 20인 곳도 있다고 하면서 대충 둘러댔다. 업주는 진지하게 "그래, 많이 받았네, 여기는 그래 많이 못 번다"라고 했다.

다음은 가장 중요한 선불금 추라이 시간이었다. 돈이 필요한 것도 업소에서 일할 것도 아닌데, 갑자기 취업을 거절당할까 봐 걱정이 됐다. 이건 또 무슨 마음인지 알 수 없었다. 소심한 활동가는 업주가 온천장에서 버는 것보다 작게 번다고 하니, 왠지 천만 원 단위로 부르면 못 준다고 할 것 같아서 삼백만 원을 불렀다. 업주는 반색하는 표정으로 흔쾌히 주겠다고 한 번 만에 승낙했다. 갑자기 후회가 밀려왔다. 더 부를걸. 사실 더 불러야 했다. 내 몸값이 삼백만 원이라니.

이후 살림에서는 경찰과 함께 이런 일을 몇 번 했는데, 삼백만 원을 추라이 가격 중 가장 적은 금액이었다. 다른 활동가는 이천만 원을 성사시켰고 우리 앞에서 자랑을 하고 다녔다.

추라이가 끝나갈 무렵 간신히 문자를 받은 경찰이 첨성대로 들어왔다. 업주는 청소년 성보호법 위반으로 긴급체포되었다. 잡혀가던 업주가 활동가를 똑바로 쳐다보면서 어이없다는 듯이 말했다. "니는 뭐꼬?"

살림의 명물, 담배 다발

살림의 명물 '담배 다발'이 있었다. 상담소는 연일 언니들로 문전성시를 이루었다. 상담실이 부족하여 상담원의 책상, 상담소 입구 계단, 주변 커피숍, 공원, 식당 등으로 흩어져 언니들을 만나야 했다. 언니들은 급한 일정이 없으면 대부분은 대기석에서 잠시 기다리면서 담배를 피우거나, 같이 온 동료들끼리 도란도란 이야기를 했다. 혹은 활동가들과 일상적인 이야기를 주고받으며 시간을 보냈다. 혼자서 온 언니에게는 기다리는 시간이 무료하게 느껴졌을 것이고, 무리를 지어 온 언니들도 오랜 시간 기다리면 심심해했다.

처음에는 서먹서먹했는지 문 앞에서 머뭇거리기도 하고, 입구에서 서성이기도 했다. 활동가와 눈도 마주치지 않는 등 어떻게 대해야 할지 막막해했다. 살림에 대한 불신을 업소 관계자들이 조장했고 언니들은 그 말을 믿었다. 때문에 그들은 살림에 신뢰보다는 반감을 가지고 오는 경우가 많아서 서로 마음을 열고 편안하게 만난다는 것이 쉬운 일은 아니었다.

언니들이 마음을 열고 편안하게 올 수 있게 할 방법이 없는지

지속적으로 고민했다. "상담소가 언니들에게 낯설다면 근처 커피숍으로 가자", "점심 때 만나서 같이 식당 가서 밥 먹자, 밥 먹는 게 친해지는 방법으로는 최고다", "야외로 나가자" 등 다양한 아이디어가 나왔다. 그러다가 담배를 피우는 활동가가 말했다. "언니들이 처음 만나면 눈도 안 마주치고 불편해하더니, '언니, 담배나 한 대 피우고 이야기합시다' 했더니 눈빛과 표정 말투가 바뀌더라. 담배를 사서 주는 게 어떻겠는가?"라고 제안했다. 다른 활동가가 "담배가 효과가 있기는 한데 못 피우는 활동가도 있다"라고 했고, 잠깐 침묵이 흘렀다. 이후 "꼭 우리가 담배를 피운다기보다 언니들이 대부분 담배를 피우니 담배만 봐도 친숙해지지 않을까요?"라는 한마디에 모든 상황이 정리되었다.

누구나 담배에 쉽게 접근할 수 있도록 담배 한 보루를 뜯어서 꽃꽂이용 낮은 화분, 창틀, 탁자 위, 화장실, 세면대, 식탁 등 사람의 눈길이 닿을 수 있는 모든 공간에 배치했다. 특히 두 개의 상담실과 상담실 앞 테이블에는 담배 다발을 놓았다. 후한 담배 인심과 담배 다발은 희귀한 볼거리가 되어 한동안 언니들 사이에서 핫이슈가 되었다. 상담소에 와서는 말 한마디 안 하고 슬쩍 담배만 가지고 가는 언니도 있었다.

담배 하나로 언니들의 태도가 확 달라졌다. 담배를 피우는 활동가들은 공짜(?)로 담배 피우고 언니들과 신뢰를 쌓을 수 있는 일석이조의 효과를 누렸고, 언니들은 담배 피우는 활동가들에게 동질감을 느끼면서 급격하게 가까워졌다. 이에 부러움과 질투를 느낀 비흡연 활동가들 중 누군가는 언니들과의 관계를 위해 담배를 피웠다가 기침과 헛구역질로 고생하기도 했다. 흡연구역도 정해져 있지 않아 상담소의 모든 곳이 담배연기에 노출되었다. 출근부터 퇴근 때까지 모든 공간이 희뿌연 연기로 가득 채워졌고 비흡연자들은 매일매일 담배와의 전쟁을 치러야 했다. 비흡연자들의 권리가 무시된 야만의 공간이었다.

활동가들에 대한 편견(대학 나온 사람들이라 나를 무시할 것이다, 우리와 다른 사람들이다)이 있는 언니들에게 "언니 담배 한 대 피고 시작할까요?"라고 말하면 금세 경계심이 무너졌다. 담배는 언니들과 우리를 가까워지게 하는 매개체였다.

지금은 활동가들이 금연에 성공하고 언니들에게도 금연을 권장한다. 담배를 통한 경험은 단지 언니들을 만나기 위한 하나의 과정일 뿐 전부가 아니라는 것을 깨닫게 되었다. '담배 아니면 죽음'을 외치던 흡연 활동가와 '담배의 친구는 무덤'을 외치던 비흡연 활동가들은 그 후로 담배 아닌 다양한 방법으로 언니들과 신뢰 관계를 쌓았다.

나에게 간이침대를 달라

우리는 다양한 종류의 벌레, 쥐와 동거한 공간들의 추억을 뒤로하고 이사했다. 이전의 사무실과 비교도 안 되는 공간에 상담실도 만들고 화장실도 단장하고 타일도 깔고 블라인드도 멋지게 달았다. 그렇지만 사무실 구조가 네모반듯하지 않고 깔대기 모양으로 되어 있어 공간을 활용하는 데 어려움이 있었다. 사무실의 제일 안쪽에 화장실이 있고 바로 옆에 소장실 겸 회의실이 있었다. 소장실 겸 회의실은 상담원들이 잠깐 쉴 수 있는 휴게 공간이기도 했다. 특히 접이용 침대가 활동가들의 휴식처 역할을 톡톡히 했다.

언니들이 밤과 낮이 바뀌는 생활을 하다 보니, 활동가는 낮에도 일하고 밤에도 일했고 근무일과 공휴일도 따로 없었다. 언니들은 업소에서 성구매자에게 폭행을 당하거나 시비가 붙을 때, 업소 관계자들에게 폭력을 당했을 때, 경찰이 단속 나오거나, 새벽녘에 혼자서 술 한잔하고 외로움을 달래기 위해 시간 날 때마다 시도 때도 없이 전화했다.

이런 생활로 인해 모두가 지쳐 갈 때쯤 활동가들에게 제안했다. "언니들에게 전화번호 가르쳐 주지 말아요. 활동가들도 인간다운 삶을 누리고 쉬어야 합니다"라고 했다. 활동가들은 단호하게 "안 돼요, 저녁에 언니들에게 어떤 일이 생길지 몰라요. 새벽에 전화 받아도 괜찮아요"라고 했다. 직업적으로 언니들을 대하는 것이 아니라 진심 어린 마음으로 언니들과 함께하고 있었다는 생각에 가슴이 뜨거워졌고 감동이 물밀 듯이 밀려왔다.

추운 겨울날 활동가들은 잠도 제대로 못 자고, 감기몸살 환자가 계속 생기면서 사무실은 '살림병동'이 되어 갔다. 밤낮으로 일하는 것은 상관없으니 쉴 권리를 보장해 달라고 했다. 그러면서 자연스럽게 잠깐만이라도 쉴 수 있는 공간이 있었으면 좋겠다는 공감대가 형성되었다.

그러던 중에 누군가가 한숨을 쉬면서 말했다. "접이식 침대라도 있으면 집에 안 가고 상담소에서 숙식하겠다." 며칠 후 회의실 한쪽 구석에 파란색 접이식 침대가 펼쳐졌다. 접이식 침대는 공간을 활용하기에 용이했다. 어떤 때는 회의실, 어떤 때는 침실, 어떤 때는 사무공간, 어떤 때는 사무실과 침실로 동시에 사용되기도 했다. 활동가의 코골이, 새근새근한 숨소리, 아파서 신음하는 소리가 끊이지 않았다. 접이식 침대는 활동가들의 애환과 인간미, 살아 있음을 느끼게 하는 소중한 우리들만의 쉼 자리였다.

한 평도 안 되는 침대는 잠깐의 피로를 풀어 주면서 활동가들에게 활기를 불어넣는 도구이기도 했다. 좁은 간이침대에 두 명이 꼭 붙어서 자기도 했다. 의자나 소파, 상담실 등에서 앉아서 조는 것보다 훨씬 안락해진 환경에 활동가들이 침대 쟁탈전을 벌일 정도였다. 회의실 창 너머 부스스한 모습으로 침대에서 몸을 누이고 일으키던 활동가들의 모습이 지금도 훤하게 보이는 것 같다.

치열한 사례회의 그리고 뒤풀이

성매매를 한 여성들 중 한 지역 업소에서만 일한 여성들은 거의 없다. 몇 개월 단위로 사채업자와 소개업자 등에 의해 다른 지역으로 팔려 간다. 이런 상황으로 인해 언니들이 고소를 당하거나, 고소를 하게 되면 관련자들이 전국에 흩어져 있다. 그래서 한 단체가 지원하기는 역부족이었다. 언니들에게 일이 생기면 전국의 관련 단체들과 연계해서 일을 진행해야 한다. 그러다 보면 비슷한 업소 관계자들의 이름이 오르내린다.

언니들이 처한 상황들에 신속하게 대처하기 위해 서울, 전주, 부산의 3개 상담소가 뭉쳐서 연합사례회의를 시작했다. 1차 목적은 언니들 지원을 원활하게 하기 위한 정보 공유 및 협력과 연대였고, 2차 목적은 활동가들 사이의 친목 도모였다.

우리는 선불금 사건을 대하는 수사기관의 태도가 점점 보수적으로 변하면서 선불금 사기로 처벌받거나, 선불금을 갚아야 하는 언니들이 늘어나고 있다는 내용으로 이야기를 시작했다. 이어서 업소나 업주로부터의 언니 긴급구조사례, 국제인신매매사건과 성매매 여성이 업주를 상대로 소송을 진행한 부당이득금 반

환청구 승소사례, 미성년자 성매매 사건, 인터넷을 이용한 성매매 사건, '쪽방'과 '골목 밖 여성들'에 대한 공무원들의 소극적 지원, 서울의 팔색조 콜로키움 모임 운영 등에 대해 토론하고 정보도 공유했다.

사례발표에서는 유흥주점 멤버의 채무는 업소에서 그와 함께 일했던 여성들이 보증을 섰더라도 이들의 연대보증채무는 무효라는 판결을 받아낸 이야기를 했다. 또, 유명 저축은행에서 여성들이 유흥업소에서 일한다는 사실을 알고 선불금 성격의 대출을 해준 것이라면 갚지 않아도 된다는 '선불금 성격의 대출 채무 무효판결' 등에 대해 의견을 교환했다. 각 지역 활동가들이 비슷한 사례들을 공유하면서 언니들이 여러 지역에서 똑같은 사채업자에게 피해를 입은 것이 드러났다. 회의에서 두 번 이상 이름이 오르는 사채업자나 소개업자들의 리스트를 만들어 법적인 문제가 생기면 도움을 주자고 했다. 또한 아웃리치를 할 때 업주들의 방해 행위, 성매매 사건을 맡지 않으려는 수사기관의 태도, 사법기관에서 언니들을 무조건 피의자로 보고 선불금 사기로 기소하는 것에 대한 공동대응을 결의했다.

사례회의 횟수가 거듭될수록 매번 같은 형식의 회의를 바꿔보자는 공감대가 형성되기 시작했다. 서울에서 참치 회를 먹고 아쉬운 마음을 안고 뒤풀이 자리를 떠나며, 나는 외쳤다. "다음에는 거제도에서 1박 2일로 합시다. 가는 방법부터 복불복으로 배 타고 가는 사람과 차 타는 사람으로 나누고, 음식과 자는 곳도 복불복으로 정하는 거예요." 기차 타고 부산으로 내려오는 내내 활동가들에게 시달렸다. "그거 누가 준비해요!" 나는 "내가 할게요" 라고 했지만 활동가들은 "말도 안 되는 소리 하지 마라" 하며 한 바탕 소란을 피웠다.

지금은 연합사례회의가 중단되어 각 지역의 사례를 한자리에서 공유할 수 없다. 하지만 그때 함께했던 사람들과 지역의 향수가 진하게 배어 있는 향토음식은 아직도 나의 몸과 마음에 고스란히 남아 있다.

사례회의에 열심히 참석했던 활동가는 「죽란사시첩 머릿말」로 자신의 마음을 표현했다.

다산 정약용 선생이
시 짓는 친구들과 함께 만든
죽란시사첩이라는 동인지의 머리말을 보면
"모임이 이루어지자 우리는 이렇게 약속했다.
살구꽃이 처음 피면 한 번 모인다.
복숭아꽃이 처음 피면 한 번 모인다.
한여름에 참외가 익으면 한 번 모인다.
가을이 되어 서늘해지면 서지에서 연꽃을 구경하러 한 번 모인다.
한 해가 저물 무렵에 화분에 심은 매화가 꽃을 피우면 한 번 모인다"라는 말이 있다.
젠장! 시 쓰는 친구들아
다들 잘 있느냐

가까이 살구꽃도 복숭아꽃도 참외밭도 없어서

이렇게 사느냐

매화 보는 대신 곗돈 부어서라도

얼굴보고 목소리 듣자

죽란시사 혀 차는 소리

늦가을 비 내리는 창밖에서 들린다.

하이힐은 필요 없어

　　달리기와 걷기의 공통점이 있다. 언니들이 싫어한다는 것이다. 언니들과 활동가, 살림 회원들이 참여하는 '살림 운동회'가 매년 5월에 열렸다. 운동을 싫어하는 언니들을 유인하기 위해 온갖 아부와 아양을 다 떨었다. "언니 이날 운동회 하는데 오셔서 맛난 것 드시고 가세요. 언니가 좋아하는 음식도 있고요. 그냥 바람 쐬러 오세요. 그냥 앉아 있다가 가면 돼요. 절대 아무것도 시키지 않을게요, 경품도 엄청 많아요." 활동가들의 유쾌하고 명랑한 감언이설에 속아 많은 언니들이 참석했다.

　굽 높이가 약 10cm가량 되는 구두를 신고 온 언니, 긴 치마를 입고 장미꽃이 달린 멋스러운 모자를 쓰고 온 언니, 속이 훤히 보이는 드레스를 입고 온 언니 등 운동회를 무도회로 착각하고 온 것 같다. 그들은 그늘에 옹기종기 앉아서 다른 사람들이 하는 것을 바라보고 있고 내가 애교스러운 목소리와 몸짓으로 "하고 싶죠? 같이해요" 하면 짜증을 내기도 하고 "덥다, 안 한다, 하라고 하면 간다"를 연발하며 피하기 바빴다.

　하지만 경기가 진행되면서 경품을 받아 가는 사람들이 나오자 언니들의 참여 숫자가 눈에 띄게 늘어났다. 경품에 눈이 먼 언니들이 운동화도 신지 않고 맨발로 하나둘씩 운동장에 뛰어들기 시작했다. 10cm 구두는 운동장 한 구석에 박혀 있었고 속이 훤히 보이는 드레스는 활동가의 것이 되어 있었다.

본격적인 게임들이 시작되었다. 밀가루 사탕 먹기는 사탕을 먹으면서 누가 얼굴에 밀가루를 많이 묻히고 재빠르게 출발점에 돌아오는가가 중요하다. 언니의 얼굴은 눈밭이라 할 정도로 하얀 밀가루로 뒤덮여 있었다. 경품은 수건 하나였으나 그것을 받기 위해 온몸을 불살랐다.

제자리 신발 멀리 던지기를 할 때는 살림의 이사 중 한 명이 신발을 앞으로 멀리 던져야 하는데, 머리 뒤로 날려 버렸다. 순간 뒤에 앉아 있던 언니들이 화들짝 놀라며 재빠르게 신발을 피했다. "뭐여 이것이, 맞아 죽을 뻔했네." 당황한 기색이 역력했지만 상황을 알게 된 언니들은 박장대소했다.

다음은 햇볕이 쨍쨍 내리쬐는 운동장에 서서 돌아가면서 서로를 안아주는 게임이다. 서로 안는 것만으로 가까워지고 위로가 되니 참가자들 모두가 참여할 수 있는 유일한 종목이었다. 게임에 열중한 나머지 너무 좋아서 안 떨어지려고 발버둥치는 언니들도 있었다.

운동회의 하이라이트는 단연 경보 릴레이다. 최선을 다하는 참가자들의 씰룩거리는 엉덩이는 바라보기만 해도 웃음이 난다. 발이 저려 결승선을 밟자마자 쓰러지고, 앞서가는 다른 팀 사람을 손으로 잡거나 추월하면서 엉덩이끼리 부딪치는 등 마지막까지 함박웃음이 피어나는 명랑운동회였다.

모든 경기가 끝나고 나면 마지막으로 활동가들의 장기자랑이 펼쳐진다. 지위 여하를 불문하고 계급장 떼고 모든 활동가들이 참여해야 한다. 어디에 내어놓아도 빠지지 않는 활동가들의 댄스 실력과 다양한 소품들의 향연이었다. 언니들은 "살림 활동가들은 일도 잘하고 춤도 잘 추고, 잘 논다 최고다"라며 칭찬을 남발했고, 칭찬에 신이 난 활동가들은 열정과 끼로 똘똘 뭉쳤다.

몇 년 동안 이어져 온 운동회는 "걷기도 힘든데, 뛰는 게 얼마나 힘든 줄 아나", "다른 것 하면 안 되나, 몸을 조금만 움직이는 것으로" 하는 언니들의 말에 산책 수준의 걷기대회로 바뀌었다. 걷기도 힘들어하는 언니들이 많이 참여할 수 있도록 걷기코스에 세심하게 신경 썼다. 나무가 많아서 걷기에 좋은지? 길은 완만한지? 경사는 괜찮은지? 길의 너비, 걷는 거리 등을 중심으로 서너 곳을 선정하여 이틀에 걸쳐 답사를 진행했다. 걷는 거리가 길거나, 경사가 있거나 시간이 오래 걸리면 언니들의 참을성은 한계점에 도달했다. 그리고 "우리가 속았다. 한 시간 거리라고 하더니, 산책길이라더니, 등산길이다" 등의 투덜거림이 활동가들의 몸에 사정없이 꽂혔다.

걷기대회의 꽃은 단연 보물찾기였다. 언니들은 초등학교 때 소풍갔던 기억이 떠오른다며 동심에 흠뻑 빠졌다. 걸을 때 짜증내고 힘들어하는 언니들이었지만 보물찾기를 시작하면 어떤 곳이든지 마다하지 않는다. 얼굴에 환한 미소를 띠고, 경쟁심이 급 발동하여 구두를 신고 높은 언덕 위를 날아다닌다. 매처럼 정확한 눈과 송골매의 속도로 찾았다. 언니들은 보물을 손에 한 움큼을 쥐고 있다가 찾지 못하고 있는 참가자들에게 나누어 주었다. 조그마한 경품이라도 받기 위해 필사적으로 노력하는 언니들과 함께 우리는 자연 속에서 마음껏 취했다.

언니들의 직업체험 대상이 되다

언니들이 탈업소하여 직장을 얻기 위해 학원에 다
니고 배운 것을 실습하면서 활동가들은 그들의 실습도구가 되었
다. 마사지를 잘했던 언니는 실습 기간 중에 살림으로 매일 출근
하다시피 했다. 밤늦은 퇴근과 정시 출근, 긴급출동(구조요청이 오
면 밤낮 가리지 않는다) 등으로 탱탱하고 윤기가 흐르던 활동가들
의 피부는 시들어 가고 있었다. 언니는 이때를 틈타 활동가들에
게 마사지 실습을 하기 시작했다. 우리는 "피부가 까칠했는데 잘
됐다. 아무리 실습이라지만 공짜는 안 된다", "마사지 한 번 받을
때 만 원씩 각출해서 교통비라도 주자"라고 했다. 활동가들은 자
신의 죽어가는 피부를 살린다는 생각과 언니에게 도움이 되고
싶다는 순수한 마음으로 기꺼이 실습 모델이 되었다. "우리가 어
디 가서 만 원에 이런 호사를 누릴 수 있을까?" 하는 마음도 있
었다. 마사지하는 언니의 팔 힘과 기교는 정말 뛰어났다. 아픈 부
위를 계속 누를 때는 끙끙거리면서도 "안 아파요. 괜찮아요. 언니
손힘이 장난 아니네, 잘한다"라고 칭찬했지만, 속으로는 아파 죽
겠다고 비명을 지르기도 했다. 정말 뼈가 부러질 것 같은 느낌을

받았던 적이 한두 번이 아니었다. 이런 과정을 통해 언니의 마사지 실력은 차츰차츰 늘어갔다.

밸런타인데이에 남편을 사무실로 초대했다. "초콜릿 대신 마사지를 선물할게, 마사지해서 탄력 있는 피부로 기념사진을 남기자" 등의 감언이설로 꼬드겼다. 흔쾌히 승낙한 남편은 퇴근 후 사무실로 왔고 우리는 언니 앞에 나란히 누워서 마사지를 받았다. 이 모습을 활동가들이 사진을 찍어 사람들에게 퍼 날랐다. 우리는 삽시간에 스타 반열에 올라섰다. 초콜릿 대신 마사지를 선물하겠다던 나는 남편에게 5만 원을 갈취(?)하여 언니에게 주었다. 억울해하는 표정이 역력한 남편에게 활동가들은 "형부 역시 최고다"라면서 추켜세웠고 칭찬에 넘어간 남편은 활동가들에게 저녁까지 샀다. 활동가들의 얼굴을 실습도구로 삼아 언니는 마사지 전문가로 성장했다.

살림의 예술가로 불렸던 언니도 있었다. 자기 몸집만 한 가방(미용도구를 담아 놓은 가방)을 들고 미용학원에 네일아트를 열심히 배우러 다녔다. 학원에 열정적으로 다닐 즈음 살림이 이사를 했다. 활동가들은 꾸미는 것에는 젬병이었고, 관심도 없었다. 사무 공간에는 책상과 의자, 책꽂이, 캐비닛만 있었고, 상담실에도 소파와 탁자 외에는 아무것도 없었다. 벽에 걸려 있는 것이라곤 블라인드와 선풍기가 전부였다.

어느 날 언니가 학원수업을 끝내고 오더니 "너무 삭막하다, 그림도 좀 있고 해야 하는데" 하면서 벽에 그림을 그리겠다고 했다. 언니의 그림 실력을 이전부터 알고 있던 우리는 "정말 고맙다. 기대된다"를 연발했다. 언니는 상담실, 서고, 회의실, 화장실까지 벽화를 멋지게 그렸다. 살림을 방문하는 사람들마다 그림에 관심을 가지고 물었다. "이 그림 누가 그렸나요? 잘 그렸네." 뿌듯함으로 충만한 우리는 "언니가 그렸어요, 정말 잘 그렸지요? 예술가 수준입니다. 이 언니는 못 하는 게 없어요" 하며 자랑하기에 바빴다. 이럴 때면 우리의 자부심은 극에 달했다.

그 후로도 자의 반 타의 반으로 실습도구가 된 활동가들은 신체의 일부를 언니들에게 맡겼다. 눈썹 문신을 배운 언니에게 눈썹을 맡겼던 활동가는 한쪽 눈썹을 다 밀리는 수모를 겪어야 했다. 속눈썹에 마스카라를 했다가 잘못되어 병원 신세를 지거나 겨드랑이에 화상을 입는 활동가도 있었다.

이런 일이 생기면 다시는 언니들의 실습도구가 되지 않으리라 다짐했다. 하지만 언니가 "배운 거 실습해 보고 싶은데 사람이 없다, 어떡하면 좋으냐, 사람 좀 구해 달라"라고 하면 활동가들은 이전의 고통은 아랑곳하지 않고 자신의 신체 일부를 내놓는 일을 반복했다.

맺으며

나는 너무 감정적이어서 잘 울었고, 활동가에게 조금이라도 구박당하면 삐치고, 토라지기를 반복했다. 그럴 때마다 이해심 많은 활동가들은 "소장님 일 많아서 그렇다", "고마해라 됐다" 하면서 내 편을 들어주었다. 활동가들의 이런 사랑을 가슴 한가득 안고 나는 '꼬장'을 잘 부렸다. 그들이 나에게 듣기 싫은 소리를 하면 3년 동안 기억해서 갈구는 '전설의 기갈녀'였다.

활동가들의 믿음과 사랑이 가득했던 '살림' 소장 자리를 2016년 말 내려놓았다. 살림을 시작할 때 10년만 일하리라 생각했다. 그러나 10년째 되던 해 유방암 진단을 받았다. 마음의 여유 없이 앞만 보고 쉬지 않고 달려온 나는 갑작스럽게 병과 마주해야 했다. 누구는 '이 일' 때문에 병이 생겼다며 '산재' 신청을 하자고 했고 누구는 임신과 출산을 연결시켰고 누구는 술과 연결시켰다. 하지만 누가 뭐래도 그 병의 원인은 '나'였다. 내 몸이 보내는 신호를 읽지 못하고 팽개치고 방치한 부주의함이 불러온 결과였다.

하지만 병은 세상 무엇보다도 가장 소중한 것은 자신이라는 것, 가족과 지인들의 소중함 그리고 쉼과 함께 주변을 돌아보아야 한다는 깨달음을 주었다. 가장 소중한 것들과 함께하기 위해서 살림을 내려놓는 것이 우선이었다. 하지만 살림을 시작할 때 아낌없는 격려와 후원으로 지지해 주셨던 분들의 고마움을 외면할 수 없었다. 그분들은 지역사회에서 여성, 노동, 인권, 환경, 통일 등 여러 분야에서 활동한 분들이었다. 따뜻한 마음으로 지지해 주셨던 분들의 마음에 조금이라도 보답한다는 마음으로 암 투병 중 부산여성단체연합 대표를 맡아 3년 동안 활동했다. 그리고 새로운 시작을 위해 나와 동지들이 함께 세웠던 살림을 내려놓았다. 그리고 자연인으로 돌아왔다.

모든 자리를 내려놓은 지 얼마 되지 않은 2017년 1월 12일 새벽, 침대에서 내려오던 중 발목이 부러지는 중상을 입고 입원하게 되었다. 병문안을 왔던 살림의 변정희 소장은 '영화를 많이 담아 왔으니 심심할 때 보라'며 분홍색 노트북을 내밀었다. 영화를 몇 편 보고 나서 깨달았다. '아!! 글을 쓰라는 뜻이구나. 생각만 했지 행동으로 옮기지 못하고 있는 내 마음을 그가 읽었던 것일까?'

나는 이 글을 통해 언니들과 활동가들이 함께해 온 날들을 이야기하고 싶었다. 언니들의 삶을 나의 경험과 연관 지어 이야기하고 싶었다. 또 언니들의 삶이 보통 사람들보다 특별하거나 이상하지 않다는 것, 그저 평범한 우리의 이웃이라는 것을 보여주고 싶었다. 또한 현장에서 세상의 편견에 맞서 진심으로 치열하게 발로 뛰었던 활동가들의 이야기를 글로 쓰고 싶었다.

글자 하나하나, 문장 하나하나에 가슴이 벅차기도 했고 그때 그 사건과 언니들을 생각하면서 눈물을 흘리기도 했다. 불현듯 감정이 복받치며, 순간순간이 영화의 한 장면처럼 떠오르기도 했다. 그 장면에서 빠져나오지 못하고 있는 나를 발견했다. 그것은 치유하지 못하고 내 속에 머물러 있었던 나만의 상처였다. 젊은 나이에 감당하기 힘든 버거움을 '괜찮다고, 잘할 수 있다, 잘하고 있다'고 스스로 위로하며 억눌러 왔던 것들이 마음이라는 감옥에 깊이 갇혀 있었다. 글을 쓰면서 스스로 가두어둔 감옥 속의 나를 보았다. 책임감, 성공, 실패, 좌절, 자존감, 자기비하, 자기부정, 억누름 등이 서로 엉키어 내 안에 자리하고 있었다. 이 글을 쓰면서 내 안에 있는 것들과 직면하고 비로소 화해했다.

살림을 시작할 때 투철한 사명감을 가지고 있었다. 성매매 여성들을 업소에서 구출하여 여성 억압을 끊어 내리라고 생각했다. 그런데 그건 그저 피상적이고 추상적인 생각이었다. 언니들을 만나면 만날수록 수많은 사연을 가진 인생들이 내 앞에 펼쳐졌다. 말할 수 없는 고통이 찾아왔다. 언니들의 인생을 직간접적으로 경험하면서 나는 점점 작아졌다. 그들을 성매매업소에서 구출하리라는 오만한 생각을 내려놓았다. 인간의 삶에는 정답이 없으며, 각자가 처한 상황에 따라 살아갈 수밖에 없다는 것을 알게 되었다.

판이하게 다른 환경에서 살아온 사람들이 갑자기 만나 자신이 살아온 삶을 이야기한다는 것은 모두의 마음과 시간을 내야 하는 일이다. 그것은 우리가 어떤 요리를 할지 선택하고, 식재료의 원산지와 유통기한을 확인하고, 사 와서 다듬고, 지지고 볶고, 간을 맞추고 밥을 해서 정성껏 차려진 밥상에서 맛있는 밥을 먹는 것처럼 세심한 과정과 정성이 필요하다. 이런 시간과 정성이 쌓이면 믿음과 신뢰가 생기고 불신을 내려놓고 서로 마주하게 된다. 우연한 인연은 필연적인 인연이 되어 세월이 흘러도 기억된다. 김장을 같이 담그기도 하고 봄, 가을 나들이도 함께 하며 서로의 안부를 묻고, 비록 만나지는 못하더라도 어디에 어떻게 살고 있는지 무심코 떠올리는 언니들. 많은 말을 하지 않았지만 그저 묵묵히 전해지는 향기와 그리움이 있다.

사회가 원하는 것보다 언니들이 원하는 것을 찾기 위해 노력했다. 때로는 좌절하기도 했지만 포기하지 않았다. 지금도 마찬가지다. 살림을 그만두었으나 나는 여전히 그들을 만나고 있다. 살림에서 일할 때보다 지금이 훨씬 편하고 좋다. '이제는 말할 수 있다', '나도 상처받고(언니들의 말과 행동에) 힘들었다'고 당당히 이야기하며 서로를 이해한다. 소장과 내담자(성매매 여성)가 아니라 한 시대를 살아가는 동지로서 함께하고 있다.

정경숙

경남 거제의 어촌마을에서 5녀 1남의 막내로 태어났다. 대학에서 경영학 계열을 전공했으나 흥미를 느낄 수 없었다. 20대는 삶의 길을 찾지 못해 끊임없이 방황하고 허우적거리며 젊은 날들을 근근이 버텨냈다. 그러다 20대 후반 여성학을 공부하면서 오랜 방황은 끝이 났다. 여성학을 공부한 이후 성폭력, 가정폭력, 성매매 분야에서 현장활동가로 일했다. 이 경험을 바탕으로 부산 완월동에 동료들과 함께 여성인권지원센터 '살림'을 설립했다.

성매매 여성들의 삶을 기록한 『너희는 봄을 사지만 우리는 겨울을 판다』 그리고 다큐멘터리 〈언니〉 제작에 참여했다. 성매매 여성들을 지원하는 활동뿐만 아니라 부산여성단체연합대표, 부산지방법원 청소년화해권고위원으로 활동했고, 대학 강단에서 여성학 및 사회복지학을 강의하는 등 다방면에서 활발한 활동을 했다. 현재는 영상물 등급위원회 영화등급분류전문위원, 완월동기록연구소 소장으로 일하고 있다.

:: 산지니 · 해피북미디어가 펴낸 큰글씨책 ::

문학

사다 보면 끝이 있겠지요 김두리 구술 | 최규화 기록
선생님의 보글보글 이준수 지음
고인돌에서 인공지능까지 김석환 지음
완월동 여자들 정경숙 지음
캐리어 끌기 조화진 소설집
사람들 황경란 소설집
바람, 바람 코로나19 문선희 소설집
북양어장 가는 길 최희철 지음
지리산 아! 사람아 윤주옥 지음
지옥 만세 임정연 지음
보약과 상약 김소희 지음
우리들은 없어지지 않았어 이병철 산문집
닥터 아나키스트 정영인 지음
팔팔 끓고 나서 4분간 정우련 소설집
실금 하나 정정화 소설집
시로부터 최영철 산문집
베를린 육아 1년 남정미 지음
유방암이지만 비키니는 입고 싶어 미스킴라일락 지음
내가 선택한 일터, 싱가포르에서 임효진 지음
내일을 생각하는 오늘의 식탁 전혜연 지음
이렇게 웃고 살아도 되나 조혜원 지음
랑(전2권) 김문주 장편소설
데린쿠유(전2권) 안지숙 장편소설
볼리비아 우표(전2권) 강이라 소설집
마니석, 고요한 울림(전2권)
페마체덴 지음 | 김미헌 옮김
방마다 문이 열리고 최시은 소설집
해상화열전(전6권) 한방경 지음 | 김영옥 옮김
유산(전2권) 박정선 장편소설
신불산(전2권) 안재성 지음
나의 아버지 박판수(전2권) 안재성 지음
나는 장성택입니다(전2권) 정광모 소설집
우리들, 킴(전2권) 황은덕 소설집
거기서, 도란도란(전2권) 이상섭 팩션집
폭식광대 권리 소설집
생각하는 사람들(전2권) 정영선 장편소설
삼겹살(전2권) 정형남 장편소설
1980(전2권) 노재열 장편소설

물의 시간(전2권) 정영선 장편소설
나는 나(전2권) 가네코 후미코 옥중수기
토스쿠(전2권) 정광모 장편소설
가을의 유머 박정선 장편소설
붉은 등, 닫힌 문, 출구 없음(전2권) 김비 장편소설
편지 정태규 창작집
진경산수 정형남 소설집
노루똥 정형남 소설집
유마도(전2권) 강남주 장편소설
레드 아일랜드(전2권) 김유철 장편소설
화염의 탑(전2권) 후루카와 가오루 지음 | 조정민 옮김
감꽃 떨어질 때(전2권) 정형남 장편소설
칼춤(전2권) 김춘복 장편소설
목화-소설 문익점(전2권) 표성흠 장편소설
번개와 천둥(전2권) 이규정 장편소설
밤의 눈(전2권) 조갑상 장편소설
사할린(전5권) 이규정 현장취재 장편소설
테하차피의 달 조갑상 소설집
무위능력 김종목 시조집
금정산을 보냈다 최영철 시집

인문

물고기 박사가 들려주는 신기한 바다 이야기 명정구 지음
말라카 파라하나 슈하이미 지음 | 정상천 옮김
벽이 없는 세계 아이만 라쉬단 웡 지음 | 정상천 옮김
범죄의 재구성 곽명달 지음
역사의 블랙박스, 왜성 재발견
신동명 · 최상원 · 김영동 지음
깨달음 김종의 지음
공자와 소크라테스 이병훈 지음
한비자, 제국을 말하다 정천구 지음
맹자독설 정천구 지음
엔딩 노트 이기숙 지음
시칠리아 풍경 아서 스탠리 리그스 지음 | 김희정 옮김
고종, 근대 지식을 읽다 윤지양 지음
골목상인 분투기 이정식 지음
다시 시월 1979 10 · 16부마항쟁연구소 엮음
중국 내셔널리즘 오노데라 시로 지음 | 김하림 옮김
파리의 독립운동가 서영해 정상천 지음

삼국유사, 바다를 만나다 정천구 지음

대한민국 명찰답사 33 한정갑 지음

효 사상과 불교 도웅스님 지음

지역에서 행복하게 출판하기 강수걸 외 지음

재미있는 사찰이야기 한정갑 지음

귀농, 참 좋다 장병윤 지음

당당한 안녕–죽음을 배우다 이기숙 지음

모녀5세대 이기숙 지음

한 권으로 읽는 중국문화
공봉진 · 이강인 · 조윤경 지음

차의 책 The Book of Tea
오카쿠라 텐신 지음 | 정천구 옮김

불교(佛敎)와 마음 황정원 지음

논어, 그 일상의 정치(전5권) 정천구 지음

중용, 어울림의 길(전3권) 정천구 지음

맹자, 시대를 찌르다(전5권) 정천구 지음

한비자, 난세의 통치학(전5권) 정천구 지음

대학, 정치를 배우다(전4권) 정천구 지음